投資ゼロで老後資金をつくる

お金の不安が一生なくなる

長尾義弘

JN230655

青春新書
INTELLIGENCE

はじめに

長寿時代に対応した老後資金をつくる

みなさん、老後資金は、どのくらい準備できていますか？

金融広報中央委員会「家計の金融行動に関する世論調査（2023年）」によると、60代の金融資産は、二人以上の世帯では、3000万円以上準備できている家庭は20・5％、単身世帯では15％です。つまり、3000万円未満という家庭が約8割あるということです。単身者世帯では8割以上です。本書は、老後資金が3000万円以下という人のために書いてみました。つまり8割以上の方が該当します。

もちろん、貯蓄額が3000万円以上ある人も、本書の考え方をベースにしていただければ、老後生活を、より安心して豊かに暮らすことができるようになります。

本書の内容というのは、老後資金を運用しないで、公的年金などの制度を賢く使いこなして老後を豊かに暮らす方法です。危ない投資の話なんて、まったくありません。公的年金などの社会保障は、日本国民ならば、すべての人に権利があるので、誰にでも実現可能です。

では、そもそも「老後資金は、なぜ必要なのか?」考えたことがありますか?

それは、仕事を辞めた後は、勤労収入がありません。そうなると大きな収入は「年金」だけになる人が多いでしょう。しかし、年金の収入だけでは、生活するのが難しい。そこでいままで貯めてきた「老後資金」を使って、生活費の補塡《ほてん》をする。これが「老後資金」の目的ですね。老後の生活を豊かにしてくれるお金です。ですので「老後資金」がないと生活が苦しくなります。

でも、考えてみてください。老後資金は、仕事を辞めた後は生活費のために取り崩すことになります。つまりどんどん減っていきます。思ったより長生きをしてしまうと、老後資金がなくなるという可能性もあります。そうすると厳しい老後生活になります。暗い老後はイヤですね。

そこで、よく言われるのが「老後資金を運用して資産寿命を延ばす!」です。とは言っても運用する基となるお金が少なければ資金寿命はそれほど延びません(原資が1億円あるならば、話は別ですが……）。しかも運用に失敗すると、老後資金を減らしてしまう結果にもつながります。また運用する老後資金がないとそれもできません。

しかし、安心してください。本書は、老後資金が少ないとか、老後資金がないという場合にも対応しています。

「人生100年時代」と言われていますが、「老後資金」を運用&取り崩すやり方は、長寿時代には対応できていません。

また、「老後資金」とか「運用」というのは、キャッシュフロー表で言うと1項目です。1項目だけを見ても、家計全体はわかりません。新NISAで運用していて、一方でクレジットでじゃんじゃんリボ払いをしていれば、お財布に大きな穴が空《あ》いているのと同じです。入ってくるよりも出ていくほうが多ければ意味がないです。だからこそ「収支のバランス」がとても大切です。

想像してみてください。「お金の心配をしなくてもいい老後生活」、これだけでも楽しく安定した暮らしを送れると思いませんか。それを超簡単に実現できるのが本書です。

投資ゼロで老後資金をつくる　目次

第2章 年金は本当に大丈夫なのか

第3章 「減らない財布」の手に入れ方

第4章 「穴の空いた財布」にならないために

第5章 老後資金の考え方

図版制作：鈴木俊行　協力：岩瀬晃子
本書は2024年7月の情報に基づいた数字です。

プロローグ

1%の人しか知らない！「長寿時代」に対応した老後資金の使い方

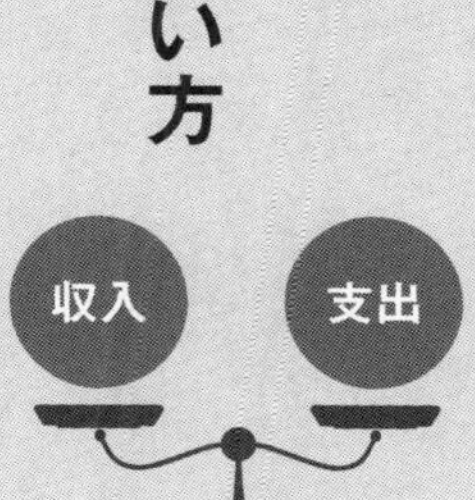

●老後資金の概念を変える?!

「老後資金」とは、年金の収入だけでは足りないので、いずれ年金の不足分として取り崩していくお金。老後の生活費の補填に使うもの、という考えが一般的でしょう。

しかし、老後資金を準備するにも限界があります。それに何歳まで生きるのかは、誰にもわかりません。

長生きをしたことで、老後資金が足りなくなるということもあります。

そのために、老後資金の寿命を延ばす方法として、老後資金の運用があります。老後資金の運用は、雑誌の記事、Ｗｅｂの記事などでよく見ます。でも、それによりいったいどのくらい資産を延ばすことができるのでしょうか？ 延ばせる期間というのは、「運用」しだいです。

必ずしも、「人生１００年時代」と言われる「長寿時代」に対応しているとは言えません。

そこで、老後資金をどのように使えば、もっとも賢いかというと、「年金を受け取る前に老後資金を生活費として使う」のです。

これには、多くの方が、「え〜〜っ」と思われるかもしれませんが、ただ生活費に使ってしまうのではありません。公的年金を繰り下げて増額するために使うのです。

この考え方は、これまであまり言われてこなかったものですし、お金に困らない老後生活を考える上で、とても重要なポイントになりますので、第３章で詳しく解説いたします。

じつは「長寿時代」にもっとも強い味方になってくれる老後資金とは、終身で受け取れる「年金」です。

年金というのは、繰り下げをすることで、受取額はどんどん増えていきます。1ヵ月遅らせることで、0・7％の加算になります。66歳まで受給を遅らせると、8・4％の加算、70歳まで遅らせると42％の加算、75歳まで遅らせると84％の加算になります。

これって、かなりすごいことだと思いませんか？

75歳まで繰り下げることができれば、年金の受給額がほぼ倍近くになるということです。たとえば、65歳での年金額が16万円とします。月16万円というのは、暮らしていくにはちょっと厳しい収入ではないかと思います。しかし、70歳まで繰り下げると、22万7200円になるのです。余裕はありませんが、生活には困らない暮らしができるようになります。さらに、75歳まで繰下げ受給をすると29万4400円になります。

ここまで繰り下げができると、少し余裕ある生活になるのではないかと思います。そして、これが一生涯続くのです。

一方、老後資金を運用する場合を考えてみます。運用状況がよければ、年3～5％などで増えていきます。しかし、下がったり上がったりしながらの運用です。もしかしたら、大きく暴落して資産を減らすことになってしまうかもしれません。

ところが年金の繰下げ受給は、違います。上がったり下がったりすることがありません。ずっと固定で年8・4％ずつ増えていきます。

年金というのは、運用商品ではありません。長生きをしたときの保険なのです。

また年金は、現役世代の所得や物価にも対応しているので、インフレにも強いです。

もちろん、老後資金が多くあれば、安心なのですが、こんな話もありました。

●「減らない財布」を手に入れると、「お金の心配」から解放される

70歳の女性で、ひとり暮らしをしている方からお金の相談を受けました。貯蓄は5000万円あります。私はてっきり相続に関する相談だと思いました。ところが、老後資金について悩みがあるとおっしゃいます。

公的年金は、夫の遺族年金を含めて月額20万円あります。一方、生活費で毎月30万円を

使っています。月に10万円（年間で120万円）の赤字です。その足りない分は、貯蓄を取り崩しているそうです。

どこに問題があるのか、よくわかりません。

女性はこう訴えます。

「お金がどんどん減っていくのが心配で心配で。夜も眠れないのです」

この心配には驚きました。

月に10万円（年間120万円）ずつ取り崩していっても、5000万円のお金が尽きるのに41年かかります（120万円×41年＝4920万円）。つまり、111歳までは、老後資金がもつ計算になります。

彼女の場合、老後資金が足りなくなる心配はしなくても大丈夫です。それよりも、相続問題のほうが心配でしょう。

傍目には、笑い話のように聞こえます。とはいえ、「お金が減っていくこと」は、本人にとっては深刻な悩みなのです。

どんなにお金があったとしても、それを取り崩す生活は、預金の残高が減り続けます。

預金通帳を見るたびにため息をついているようでは、不安は募るばかりです。不安を抱えながらの生活は精神衛生上よくありませんし、何より楽しくありません。

老後生活は、お金があれば安心というわけではないのです。

老後資金を2000万円、4000万円と準備したとしても、そのお金が減っていくことに変わりはありません。あとどのくらいもつのだろうという不安は、多かれ少なかれつきまといます。

世の中には、「老後資金を貯めることが大切」だの「老後資金をいかに運用すべきか」といった情報があふれています。

しかし、こうした風潮に惑わされてはいけません。

老後のお金でもっとも重要なことは「収支のバランス」です。

「収支のバランス」が取れていれば、老後資金はそれほど必要ありません。そして、お金が減り続ける恐怖に苦しめられることもなくなります。

毎月、入ってくるお金と出ていくお金がトントン、もしくは収入が上回っているなら、

「お金がなくなる」心配から解放されます。逆に、バランスが悪くて支出が多いと、老後資金を取り崩すしかなく、お金は減っていくばかりです。

ここでお伝えしたいのは、「収支のバランス」を取るために、「支出」を減らすという節約の話ではありません。また「収入」を増やすために、危ない投資をするという話でもありません。

この「収支のバランス」を取るためには、「減らない財布」を手に入れることがポイントです。

魔法のような「減らない財布」のベースとなるのはじつは公的年金です。

公的年金は、年6回、偶数月の15日に2ヵ月分が振り込まれます。振り込みは生きている限り続きます。

そのお金を使い切ったとしても、2ヵ月後の財布の中身は元通りになっています。つまり、使っても減らないのです。

ただし、単に65歳でそのまま年金を受け取っただけでは、「減らない財布」とは言えません。それでは年金額が少ないからです。「減らない財布」ではなく「足りない財布」になってしまいかねません。

そこで公的年金を賢く増やして「減らない財布」を手に入れることによって、お金がない、お金が減っていく不安から解放されます。お金の心配がない老後生活は、それだけでも幸福度が大きく上がるでしょう。

●「老後資金2000万円問題」とは何か

いくつものアンケート調査によれば、約8割の人が「老後が不安だ」と感じています。その要因の第1位は「老後のお金」です。

定年後には長い時間が残っています。長い老後をお金の心配をしながら過ごすのは、イヤなものでしょう。

でも、ご安心ください。少ないお金でも「お金の不安がなく、豊かな暮らしができる」提案をすることが本書の目的です。

「少ないお金じゃ、絶対にムリ！　長生きするほど、お金がかかるんだから」という声が聞こえてきそうですね。

老後のお金に対する不安とは、「老後資金が足りないこと」と言い換えられるのではないでしょうか。2019年に「老後資金2000万円問題」が大きく取り上げられました。それ以来、老後資金に不安を覚える人が増えたのです。

老後資金について考えるようになったのは、とてもよいことだと思います。反面、インパクトが強かったせいか、「2000万円」という数字がひとり歩きしてしまいました。それ以上のお金を用意しなければ老後は生活ができないと思われ、不安を煽ったことはマイナスだと感じています。

●老後資金は本当はどのくらい必要なの？

「老後資金2000万円問題」の騒ぎは、金融庁の金融審議会市場ワーキング・グループの報告書で、老後資金は約2000万円不足するとされたことが発端でした。

「2000万円が必要だ」とした根拠は、総務省の「家計調査」にあります。これによれば、老後生活は毎月5・5万円の赤字が出ています。この赤字分は、老後資金から補塡します。95歳まで生きると、約30年間の補塡が必要です。

毎月の赤字額5・5万円×12ヵ月×30年間＝1980万円

このような計算から、約2000万円が導き出されたのです。

先ほどあげたアンケートで約8割の人が不安を感じている「老後のお金」。具体的には「老後資金が足りない」「2000万円は準備できない」などです。

老後資金の役割は、老後の生活費に足りない分の補塡です。ですから、老後資金の必要額は次のように計算します。

毎月の赤字額×12ヵ月×30年間（65歳から95歳）＝老後資金

では、収支のバランスが合っている場合は、どうなるのでしょう。

毎月の赤字額0円×12ヵ月×30年間＝老後資金0円

おわかりですか。収支のバランスが取れていれば、老後資金は準備しなくてよいことになります。

ただし、収支のバランスを取るためにつましい生活を送るのでは、あまり楽しくはありませんね。ここで重要なのは、ある程度余裕のある生活をしながら「収支のバランス」を取ることです。その余裕を作り出すのが、繰下げ受給なのです。

とはいえ、老後資金が0円なのも不安が残ります。何か大きなトラブルがあったときは、それを解決するためのお金が必要だからです。病気になったとき、リフォーム、介護などの費用として余裕資金を準備しておく必要があります。これについては、金額の目安を含めて第5章で解説します。

テレビや雑誌、ネット記事は、「老後資金が大切だ！」という内容ばかりです。しかし、

「老後資金」よりもっと大切なのが「収支のバランス」なのです。

本書では、ムリなく「収支のバランス」を取るにはどうすればいいのかをご紹介します。

「老後資金が少ない」と悲観することはありません。

少ないお金でも、老後を豊かに暮らしていけます。

喜劇王のチャールズ・チャップリンも言っています。

「人生はすばらしい。怖れの気持ちさえ持たなければね。人生で必要なものは、勇気と、想像力……そして少しばかりのお金なんだよ」

第1章

老後資金よりもっと大事な「収支のバランス」

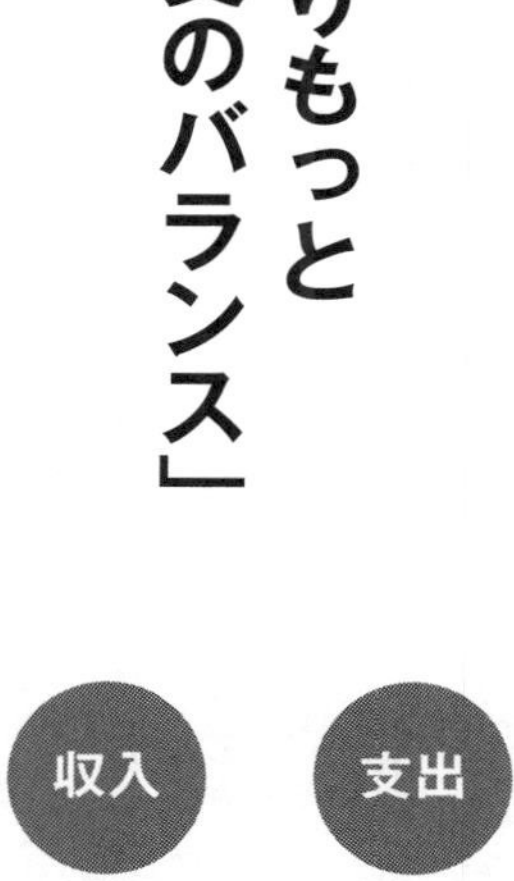

●老後資金を運用しない方法

メディアでは、「老後資金を運用することが大切だ」「運用をしないと老後生活が厳しくなる」などなど、資産運用をよく勧めています。たしかに、運用したほうが、資産寿命を延ばすことができるかもしれません。ただ、運用は成功するとは限りません。失敗すると老後の資産は減ってしまいます。

いずれにしても運用は資産寿命を延ばすだけの話で、取り崩す生活に変わりはありません。資金はどんどん減っていき、老後のお金の心配はつきまといます。

さらに、運用がうまくいっているときはいいのですが、悪くなったときは気持ちが落ち込んでしまいます。資金が減る心配に、運用の心配、ダブルで悩まされる可能性もあります。

長期運用では、基準価格など相場の値動きに一喜一憂せず、ドンと構えていること。これが基本の考え方です。

とはいえ、運用している商品の価格が下がれば、どうしても気持ちは沈みます。どちらかというと、一喜一憂する人のほうが多いかもしれません。私自身も長期投資の基本は理解しているのですが、運用状況が悪いとけっして気分はよくないですね。

老後資金を運用しないと、本当に老後の生活は成り立たないのでしょうか。

そんなことはありません。「収支のバランス」が合っていれば、老後資金を取り崩す必要がなくなり、そのまま残ります。何か緊急にお金が必要になったときでも対処できるようになり、安心ですね。

老後のお金について「しなければいけない」と言われていることは、ほとんどしなくて大丈夫です。むしろ、しないほうがいいこともあるのです。

老後資金は、現役時代からずっと貯めてきたものです。現役時代は損失を被っても穴埋めが可能でしたが、定年後は収入を増やすことが困難です。一度損失が出ると、なかなか穴埋めができなくなります。ですから、できるだけリスクの少ないもので、安全に運用したいものです。

しかし、運用するより、確実に老後生活を豊かにできる方法があります。

それは、年金の受給額を増やす方法です。つまり毎月の「収入」を増やすということです。

どうすれば、そんなことができるのかというと、年金を受け取る時期を後にすることです。そうすることで年金は増額になります。これが「年金の繰下げ受給」です。ほかにも年金の受給額を増やす方法はありますが、この方法がもっとも効率的に増やせて、「収支のバランス」を取ることができます。「年金の繰下げ受給」のポイントについては、第3章で詳しく解説します。

●老後資金は「運用しないと損をする！」という誤解

2024年から新NISAが始まり、関連本が続々と出版されるなどマスコミでも多く取り上げられました。まさに「新NISA」の一大ブームになったのです。

定年後の老後資金も、新NISAを使って運用する方法がいくつも紹介されています。

たしかに、定年前（年金暮らしになる前）の資金形成の時期には、iDeCoや新NISAを使ってお金を増やすことはとても大事です。

しかし、定年前と定年後では、「お金のステージ」が違います。60代を境にして、お金

定年前後のお金のパラダイムシフト

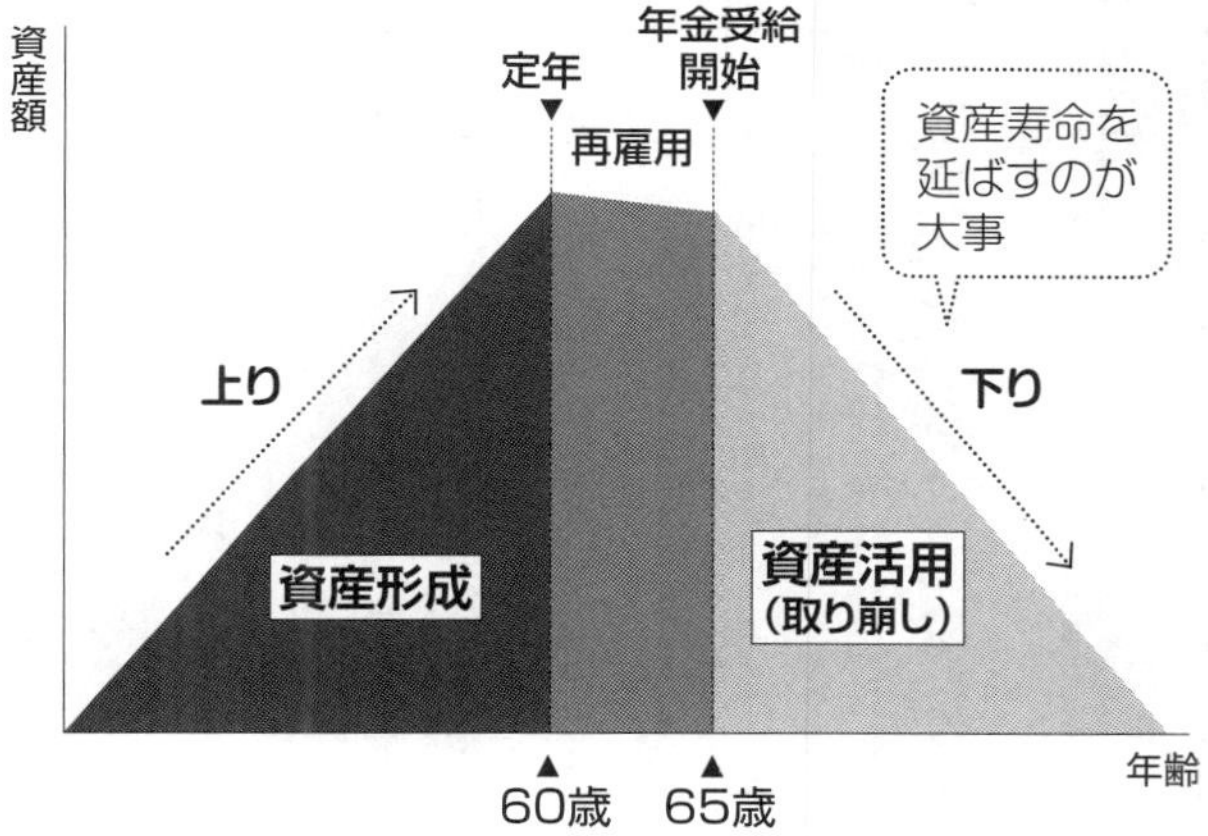

のパラダイムシフト（価値観などの劇的変化）が起こるのです。

どういうことかご説明しましょう。

だいたい60歳での定年が多いと思います。一般的に60代までは資産形成の時代です、老後資金を準備する時期で、ｉＤｅＣｏや新ＮＩＳＡが大いに役立ちます。

ところが、定年を迎えて再雇用になると給与が下がり、年金暮らしになるとさらに収入は下がります。

定年後（年金暮らし）は資産形成ではなく、それまで貯めたお金を取り崩す時期になります。つまり、貯めた資産がいつまでもつかという資産寿命のほうが重要になってきます。

資産形成では、iDeCoや新NISAはとても有効な手段です。しかし、60歳以降の資産取り崩しのステージでは、必ずしも有効な手段ではなくなります。

新NISAを使って、運用がうまくいけば資産寿命は延びますが、少しだけです。長寿時代においては、まったく足りません。

「運用すれば、お金は増える。資金寿命もうんと延びるでしょう?」

そう考える人も多いと思います。

はたして、どれほど資金寿命が延びるのか。

運用しない場合と新NISAで運用した場合を、具体的な例で比較してみましょう。夫婦世帯と単身世帯の2つでシミュレーションをしてみます。

60歳夫婦世帯：何もしない場合

(前提条件)

60歳の同い年の夫婦。100歳まで生きるとシミュレーション

60歳夫婦　何もしない場合

60歳の夫婦

老後資金	1500万円（退職金を含む）
年収	60～64歳　380万円（夫） 65～69歳　120万円（夫）
年金	年額200万円（夫） 年額80万円（妻）
生活費	年額380万円

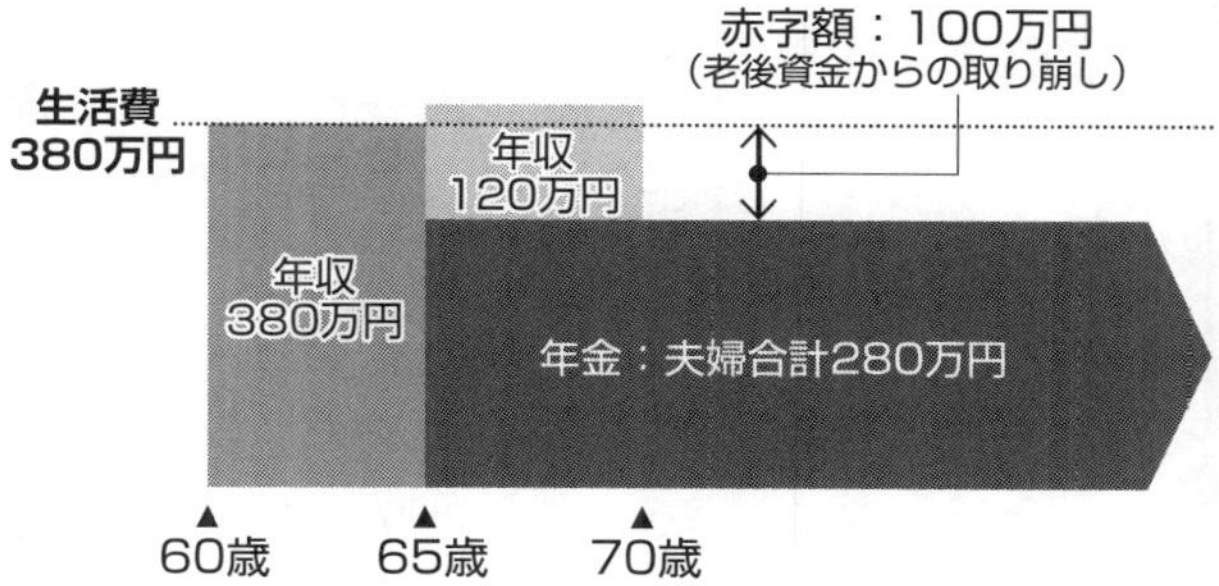

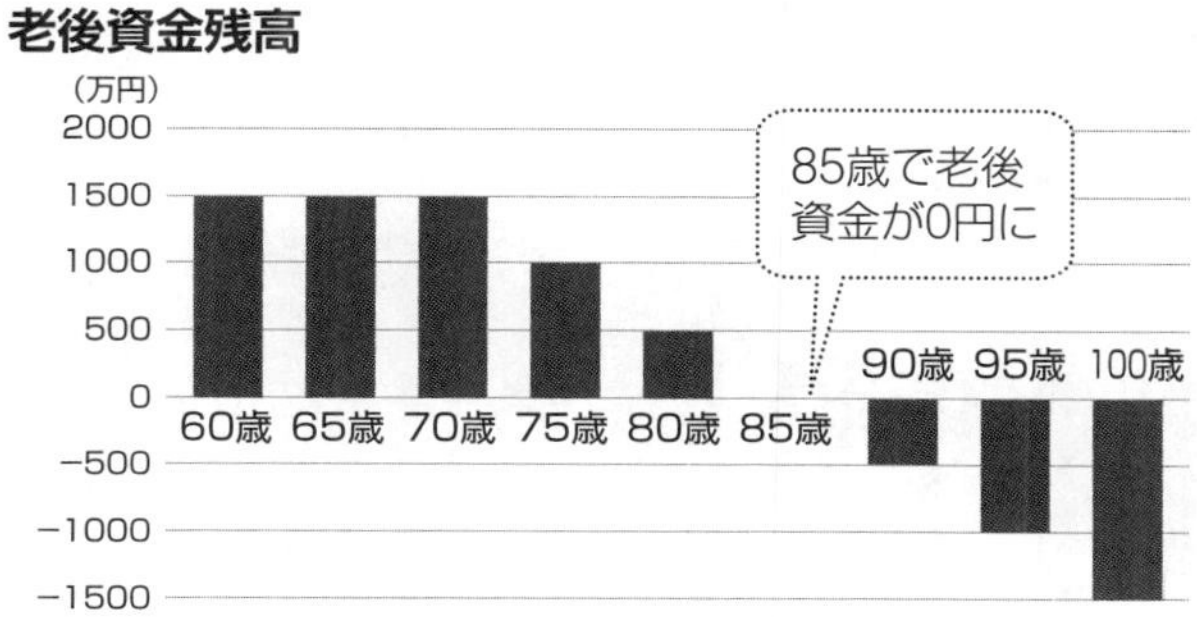

老後資金1500万円（退職金を含む）

〈収入〉

◎労働収入

夫：60歳で定年退職　↓　60〜64歳は再雇用で年収380万円

65〜69歳は年収120万円で働く

◎年金（65歳からの受給額）

夫：年額200万円　妻：年額80万円　計280万円

〈支出〉

◎生活費

月額約32万円（年額380万円）　※これが生涯続くとする

60歳の夫婦。夫と妻は同い年で、100歳まで生きると仮定します。

老後資金は１５００万円あります。これは退職金を含んだ金額です。60歳で定年退職。その後は再雇用で働き、年収は３８０万円に下がります。65歳から70歳までも働けますが、勤務日数が減るので年収は１２０万円になる予定です。生活費は、月額約32万円（年額３８０万円）です。この生活がずっと続くとします。65歳からの年金額は、夫は年額２００万円。妻は結婚前に会社員として働いていた時期があるため80万円です。

では、この夫婦の老後の暮らしを考えてみましょう。

老後資金は預貯金のままで運用をしません。年金は65歳から受け取ります。60歳から64歳までは給与が生活費に充てられるため、老後資金の取り崩しはありません。65歳から年金の受給が始まります。夫２００万円、妻80万円で、合計２８０万円です。69歳までは給与が１２０万円ありますから、年に20万円の黒字が出ます。毎年20万円、貯蓄（老後資金）が増えます。

しかし、仕事を辞めた70歳以降は、収入が年金だけになります。年間１００万円の赤字になり、その分は老後資金から取り崩します。するど、なんと85歳で老後資金が0になってしまいます。その後は、ずっとマイナスです。家計をかなり切り詰める必要があるでしょう。これだと老後生活は厳しいかもしれません。

●60歳夫婦世帯：新NISAで運用した場合

では、同じ夫婦が新NISAを使って運用した場合を考えてみましょう。

60歳のときに老後資金が1500万円あります。これを毎年200万円ずつ5年間に分けて、1000万円を新NISAで運用します。残りの500万円は預貯金のまま取っておきます（つみたて投資枠&成長投資枠を併用）。

新NISAでの運用利回りは、ちょっと手堅く2%の運用で考えます。

毎年2%で運用したとすると、69歳の時点で運用益は約169万円くらい出ています。

60歳夫婦　新NISAでの運用

60歳の夫婦

老後資金　1500万円（退職金を含む）
→新NISA　1000万円（年利2%で運用）　貯蓄　500万円

年収　60～64歳　380万円（夫）
65～69歳　120万円（夫）

年金　年額200万円(夫)
年額80万円（妻）

生活費　年額380万円

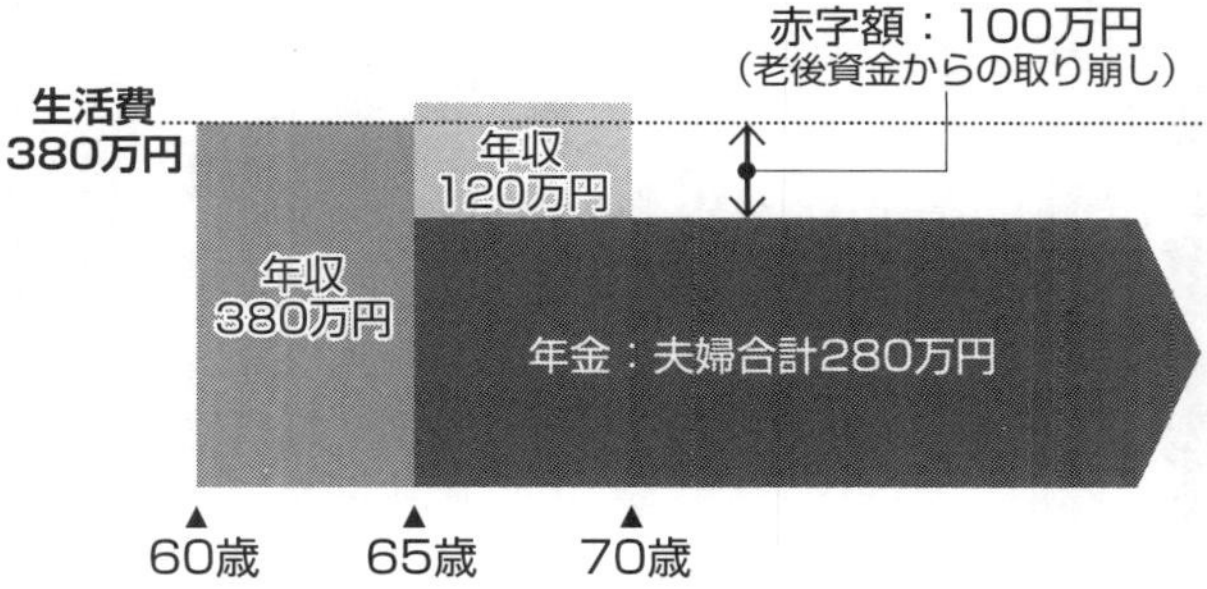

老後資金残高

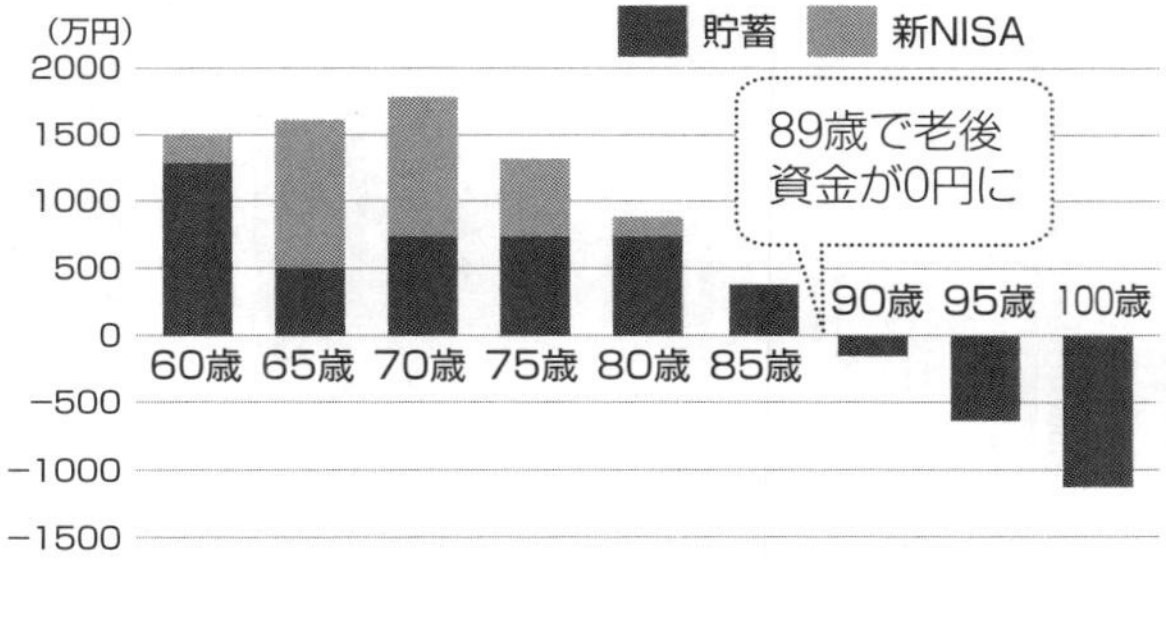

69歳のときには、新NISAと預貯金、さらに生活費の黒字分を貯蓄に加えていくと、合計で約1800万円になっています。老後資金がそれなりに増えた印象があります。

70歳以降は、新NISAの資金から取り崩します（運用は継続）。

老後資金を取り崩す際、運用をしている新NISAが先か、預貯金が先かは考えると思います。これは運用しているほうから先に取り崩したほうがいいでしょう。

新NISAは長く運用したほうが増えるのですが、価格の変動リスクがあります。一方、預貯金はインフレになると、お金の実質的な価値が下がるというリスクがあります。

どちらのリスクが大きいかといえば、価格の変動リスクです。

運用している資金を最後の頼みの綱にしてしまうと、突然下落したときにショックが大きくなります。ですから、最後に残すのは預貯金のほうがいいのです。

新NISAの資金がなくなるのは、82歳の時点です。それから預貯金の取り崩しになりますが、それも89歳で尽きてしまいます。それ以降の収入は年金だけです。

運用しなかった場合に比べて、4年間は資金寿命を延ばすことができました。何もしないよりはましですが、十分とはいえません。89歳以降はちょっと不安な生活が続くことになります。

仮に、新ＮＩＳＡが年３％で運用できたとします。その場合は、83歳まで新ＮＩＳＡの資金がもちます。84歳から預貯金の取り崩しが始まり、90歳まではお金がもちます。

もちろん、４％で運用できれば、資金寿命はもっと延びます。とはいっても、ずっと３％や４％で運用できることはありません。価格は、毎日上がったり下がったりします。その平均が３～４％というわけです。しかも、過去のデータであり、今後どうなるかはわかりません。

●60歳単身者世帯：何もしない場合

次に単身者のケースを考えてみましょう。

〈前提条件〉

60歳男性。１００歳まで生きるとシミュレーション

老後資金１２００万円（退職金を含む）

〈収入〉

◎労働収入

60歳で定年退職 ↓ 60～64歳は再雇用で年収３６０万円

65～69歳は年収60万円で働く

◎年金（65歳からの受給額）

年額２００万円

〈支出〉

◎生活費

月額約23万円（年額２８０万円）※これが生涯続くとする

60歳単身者　何もしない場合

60歳の単身者

老後資金　1200万円（退職金を含む）

年収　60～64歳　360万円
65～69歳　60万円

年金　年額200万円

生活費　年額280万円

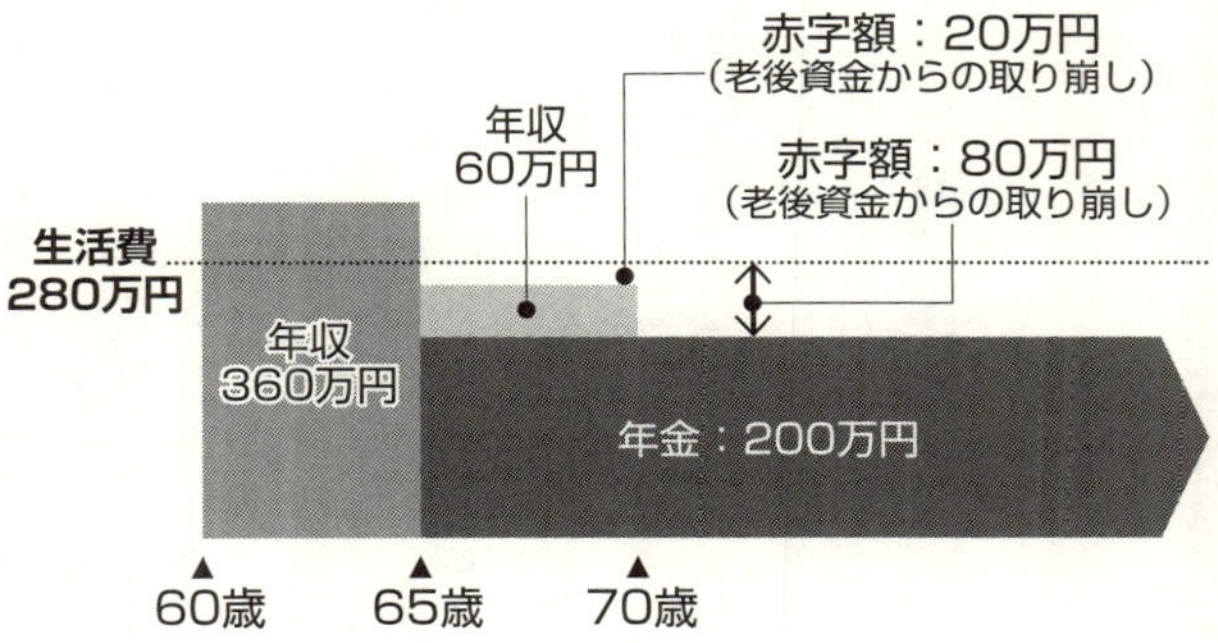

老後資金残高

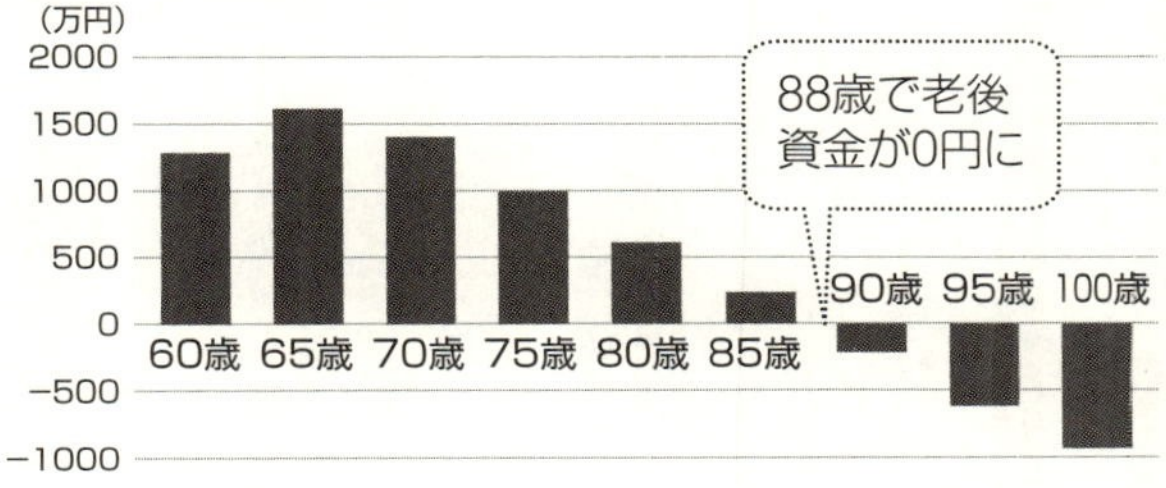

何も運用をしなかったら、どうなるでしょう。

60歳から64歳までは年収が360万円あるので、年間80万円を貯蓄に回せます。64歳の時点で貯蓄残高は1600万円に増えています。そこから69歳までは収入が減るため、年間20万円を取り崩していきます。

70歳以降は収入が年金だけになり、年間80万円の赤字です。その赤字を老後資金から補塡していくと、88歳の時点で資金がなくなります。あとは年金のみの生活です。平均寿命は超えているものの、貯蓄がない状態はかなり不安です。どのくらい生きるかわかりませんが、節約生活が続くと予想されます。

●60歳単身者世帯：新NISAで運用した場合

今度は同じ男性が運用した場合です。

老後資金1200万円のうち，毎年200万円を4年に分けて、合計800万円を新N

60歳単身者　新NISAで運用

60歳の単身者

老後資金　1200万円（退職金を含む）
→新NISA　800万円（年利2%で運用）　貯蓄　400万円

年収　60～64歳　360万円
　　　65～69歳　60万円

年金　年額200万円　　生活費　年額280万円

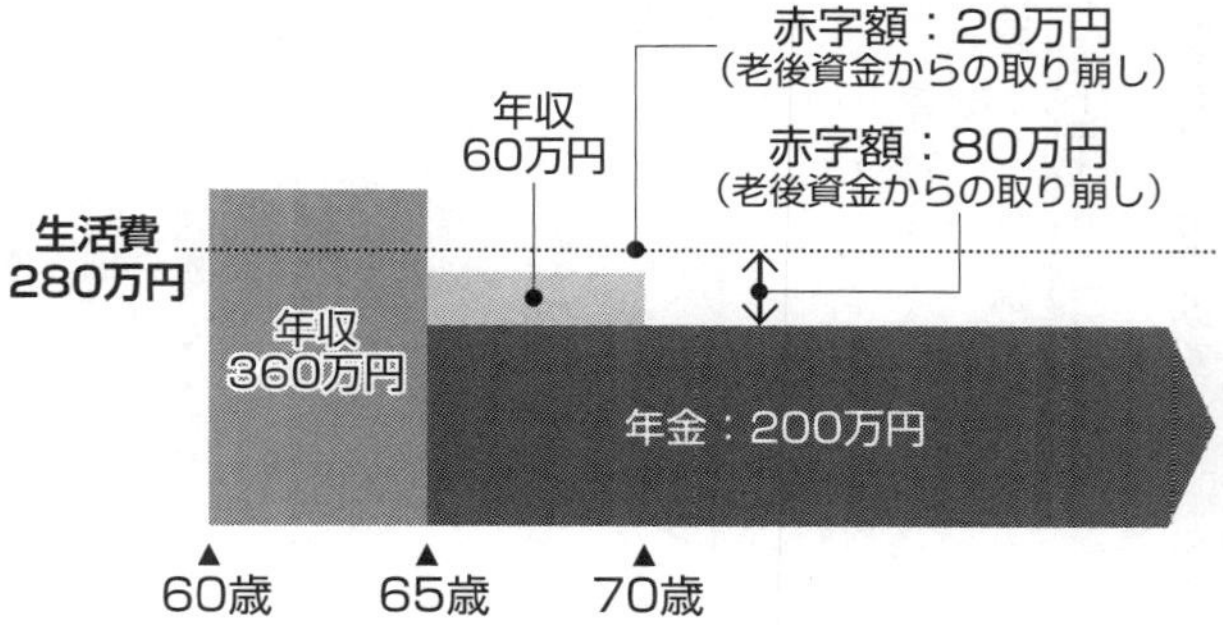

老後資金残高

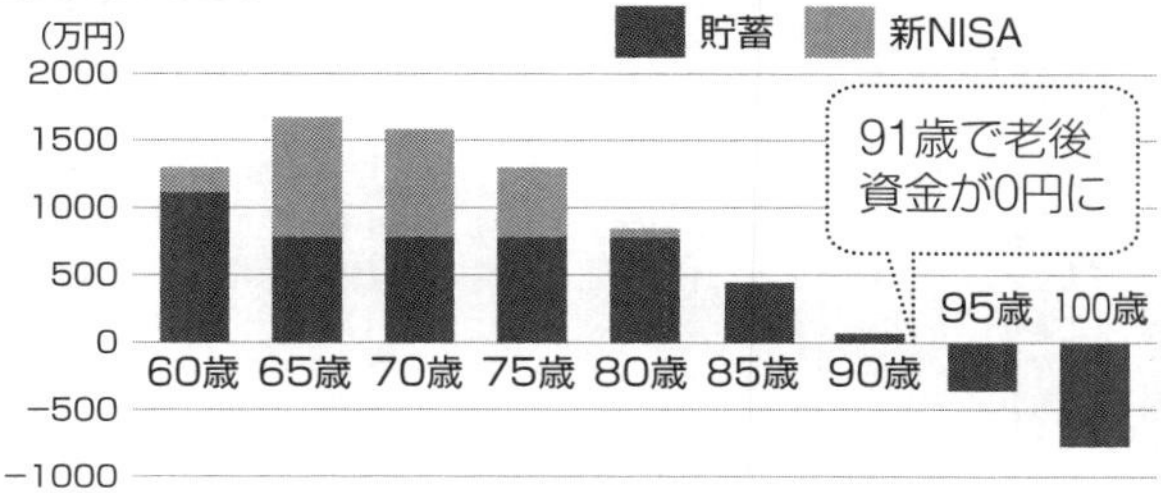

ＩＳＡで運用。残りの４００万円は、預貯金で持っておきます。

60歳から64歳までは年に３６０万円の収入があり、年間80万円の黒字です。さらに、新ＮＩＳＡの運用があるので、２％の利回りで運用できたとして、64歳時点の貯蓄額は１６４１万円です。65歳から70歳までは給与が60万円に下がるため、年間の赤字20万円を老後資金から取り崩す生活が始まります。この場合も新ＮＩＳＡのほうから取り崩します（運用は継続）。70歳からは80万円に赤字が拡大します。

新ＮＩＳＡのお金は80歳までもち、81歳から貯蓄を取り崩します。貯蓄はなんとか90歳までもちますが、88歳以降は貯蓄額が少なくなるため、少々不安定な老後になりそうです。

繰下げ受給をした場合

老後資金を何もしない場合、新ＮＩＳＡで運用した場合を見てきました。

ここでもうひとつ、とっておきの方法をシミュレーションしてみます。それは「年金の繰下げ受給＋（繰り下げ期間中＝年金待機期間中）に老後資金を使う」です。繰下げ受給とは、年金の支給開始時期を遅らせることです。でも年金がなければ、年金の待機期間中は生活費が足りなくなって困ります。年金を繰り下げしている期間は、老後資金から取り崩して生活費に充てるという方法です。

そんなことをしたら、老後資金が減って、老後の生活に困ってしまうのではないか、と心配になりますよね。でも、心配はいりません。

論より証拠。前述した2つの世帯で、繰下げ受給をした場合を考えてみましょう。

・60歳夫婦世帯

60歳から65歳までは給与と生活費が同じなので、老後資金を使う必要がありません。つまり、「収支のバランス」が合っているわけです。

年金は70歳まで繰下げ受給をするとします。

65歳から70歳までは、収入が給与の120万円だけです。老後資金の取り崩し額は、年260万円と大きくなります。70歳時点の預貯金は2000万円に減ってしまいます。

70歳から待ちに待った年金の受給を開始します。すると、年金が42%の増額になります。

60歳夫婦　繰下げ受給

60歳の夫婦

老後資金　1500万円（退職金を含む）

年収　60～64歳　380万円（夫）
　　　65～69歳　120万円（夫）

年金　70歳から年額284万円（夫）
　　　70歳から年額114万円（妻）

生活費　年額380万円

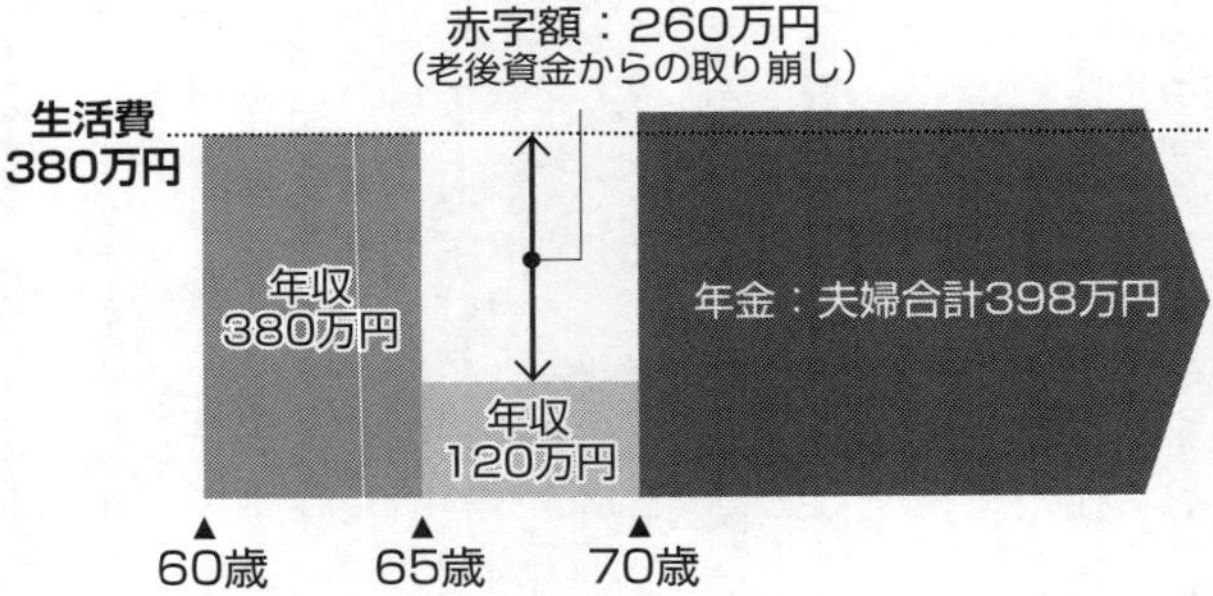

老後資金残高

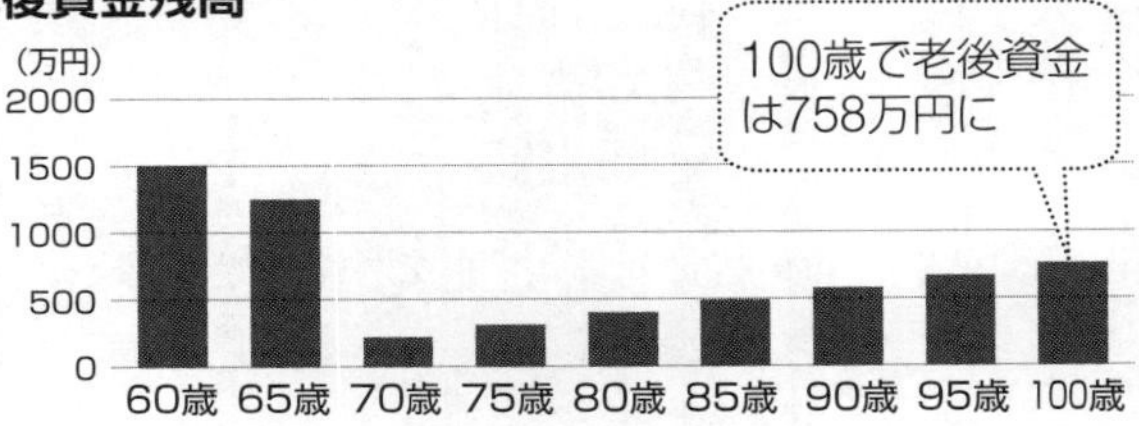

夫の年金額は２８４万円、妻の年金額は１１４万円、夫婦の合計は３９８万円です。

年間の生活費は３８０万円ですので、毎年18万円の黒字になります。

預貯金２００万円という心許ない状態から、黒字への大変身。70歳以降のほうが、余裕のある暮らしができるわけです。

この黒字分を貯蓄に回すと、90歳には預貯金額が５７８万円、そして１００歳には７５８万円になるのです。

もちろん、１００歳までただ貯め続けているだけではなく、必要に応じて自分たちのために使ってもいいわけです。

・60歳単身者世帯

こちらも70歳まで年金の繰下げ受給をしたとします。

60歳から65歳までは黒字なので、貯蓄額は増えます。65歳から70歳までは年間２２０万円の赤字になり、これを貯蓄から取り崩します。69歳時点の貯蓄残高は５００万円にまで減ります。

60歳単身者　繰下げ受給

60歳の単身者

老後資金	1200万円（退職金を含む）
年収	60～64歳　360万円 65～69歳　60万円
年金	70歳から284万円
生活費	年額280万円

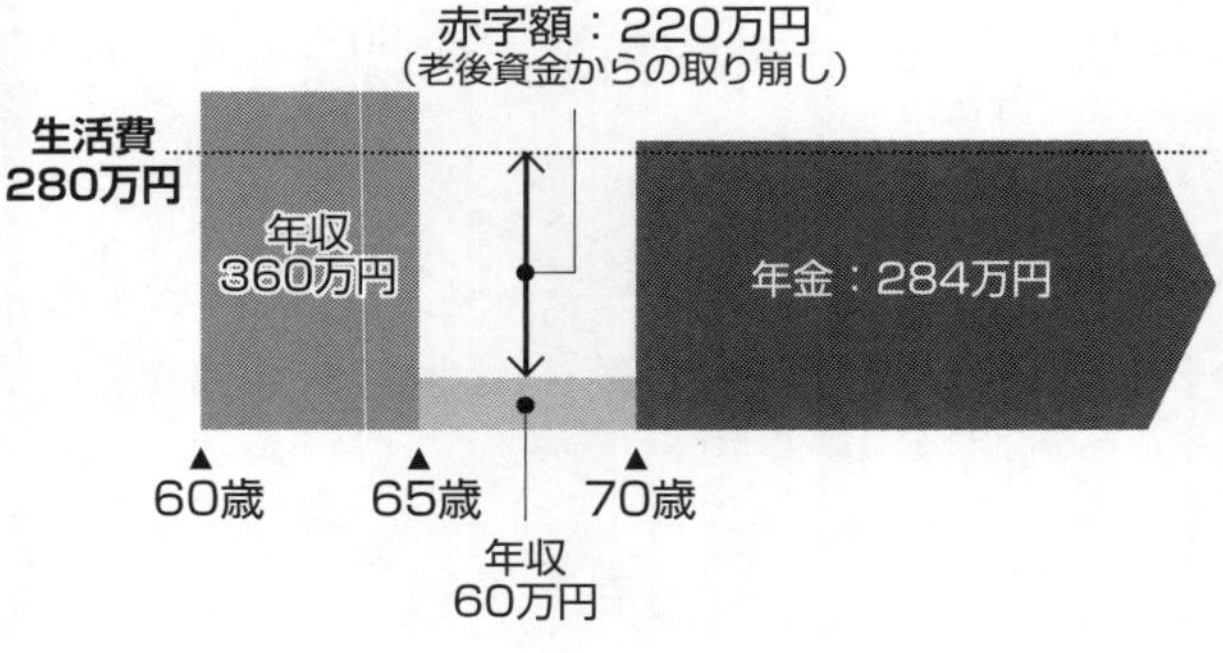

貯蓄残高

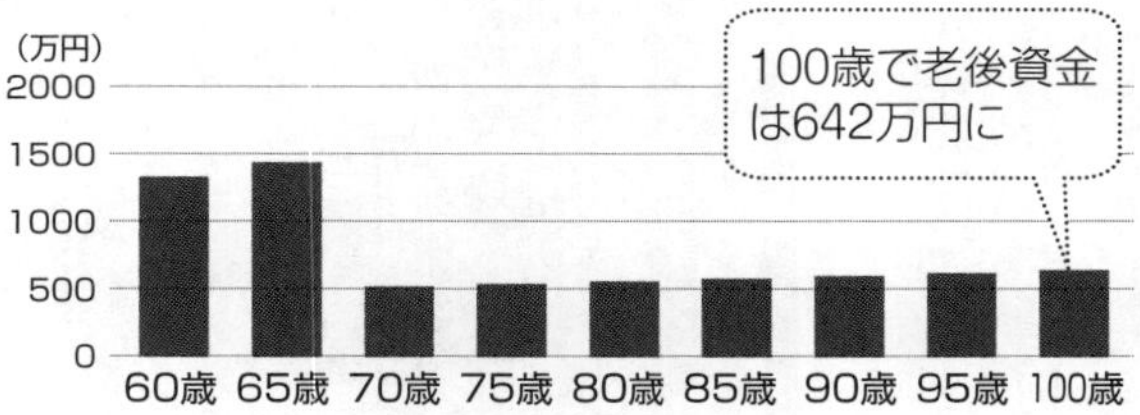

しかし、年金の繰下げ受給を行ったため、70歳からの年金は284万円に増えます。年間4万円の黒字ですから、70歳以降は安心して生活できます。黒字分を貯蓄したとすると、100歳の時点では624万円になります。

このように、新NISAを使って運用するよりも、年金を繰下げ受給したほうが、老後生活が豊かになることがおわかりいただけると思います。

ちなみに、この男性で、「何もしない」「新NISAで運用」「繰下げ受給」の3つのケースで、60歳から100歳までの総収入を比べてみましょう。

■運用しない場合

給与年収360万円×5年＋年収60万円×5年＋年金200万円×35年＝1800＋300＋7000＝**9100万円**

■新NISAで運用した場合

給与年収360万円×5年＋年収60万円×5年＋新NISAの運用益総計232・4万

円＋年金200万円×35年＝1800＋300＋7000＋232・4＝**9332・4万円**

■**繰下げ受給の場合**

給与年収360万円×5年＋年収60万円×5年＋年金284万円×30年＝1800＋300＋8520＝**1億620万円**

「運用しない」と「新NISAで運用」の差は、約232万円、「新NISAで運用」と「繰下げ受給」の差は、約1280万円です。

●老後資金は貯めるな！

定年までにしっかり貯めて、それを老後の生活費として取り崩していく。これがいままでの老後資金の常識でした。

ところが、その常識では、長生きすると資金が尽きてしまいます。そのため、

2000万円では足りない、もっと貯めろといった記事が大半でした。

老後資金を取り崩しているのですから、何も対策をしなければ、資金が尽きるのは早くなります。資金が尽きると、先の図表上ではマイナスになっていますが、実際は借金もできませんので、生活費を抑えて年金だけで生活をすることになります。

老後資金を運用することによって、資金寿命を延ばすことはできます。

しかし、老後資金は、大きなリスクを取って運用するわけにはいきません。現役時代ならある程度のリスク覚悟で運用しても、働いているので取り戻すことが可能です。しかし、高齢者は年金以外になかなか収入を増やせません。運用で失敗して資産を減らしてしまったら、取り返すことは難しいのです。

そうなるとリスクが小さいもので安全に投資することになりますから、目標は2～4%です。

先ほどのシミュレーションでわかる通り、年2～4%で運用したとしても、資金寿命を延ばせるのはほんの数年です。もっと資金寿命を延ばすには、取り崩す額を減らすしかありません。資産寿命を延ばすために生活の質を落としたら、豊かで安心な老後生活とは言えなくなります。

しかし、年金の繰下げ受給をすると、受給額が増えます。年間では8・4％です。運用の目標である2〜4％よりずっと利率がいいのです。

しかも、この年8・4％は上がったり下がったりせず、ずっと同じ割合で増額します。

もちろん、年金は金融商品ではありません。しかし、金融商品と比較してみると、こんなに有利な商品はないと言えます。さらに、国の制度ですから保障もバッチリあります。

2023年の平均寿命は、男性が81・09歳、女性が87・14歳です。ちなみに、1955年は、男性63・60歳、女性67・75歳でした。寿命がどんどん延びている時代には、長寿に合った資産をつくる必要があります。

年金は一生涯、受給できる点が強みです。生きている間は増額した金額を受け取れるため、生活の質を維持できます。「収支のバランス」が少しでも黒字なら、生活にゆとりが出てきます。貯まったお金で美味しいものを食べに行くといった楽しみも生まれるでしょう。

少し心配なのは物価高（インフレ）です。

資産を運用するメリットとして、インフレに対応できることがあげられます。株式などはインフレになると価格も上がります。

年金は、物価と現役世代の所得に合わせて受給額が変わりますが、「マクロ経済スライド」といって、受給額からスライド調整分を引かれる制度になっているので、物価が上がっても上がり率は少し抑えられます。とはいえ、インフレにも対応しています。

●年金の受給開始までの生活費をどうするか？

老後資金は、老後生活で足りない分を補うものだと思い込んでいる人がほとんどだと思います。ここは発想の転換が必要です。

老後資金を運用するより、年金の繰下げ受給のほうが有利であることは前述した通りです。「そうはいっても、65歳からは収入もあまりないし、年金をもらわなきゃ暮らしていけない」と考えるかもしれません。

そこで登場するのが老後資金です。シミュレーションでも見たように、老後資金は「繰下げ受給をするための生活費」として使うのです。

そうなると老後資金は先に取り崩すため、減ってしまいます。減っていく貯蓄残高を見ると、たしかに心配になるかもしれません。とはいえ、70歳まで年金を繰り下げれば、受給額は42%増えます。その後はお金の心配がなくなり、暮らしはとても豊かになるのです。60代で繰り下げている時期のお金の心配をするか、老後中盤以降、どんどん少なくなっていくお金の心配を生涯するか。どちらを選ぶかという話ですが、老後の中盤から90〜100歳くらいまでお金の心配をし続けるというのは、ちょっと長くてキツい気がします。

●老後のお金にもっとも適しているのは「終身年金」

そもそも老後にもっとも役立つのは、「終身年金」です。いつまで生きるかわからない

WPPとは

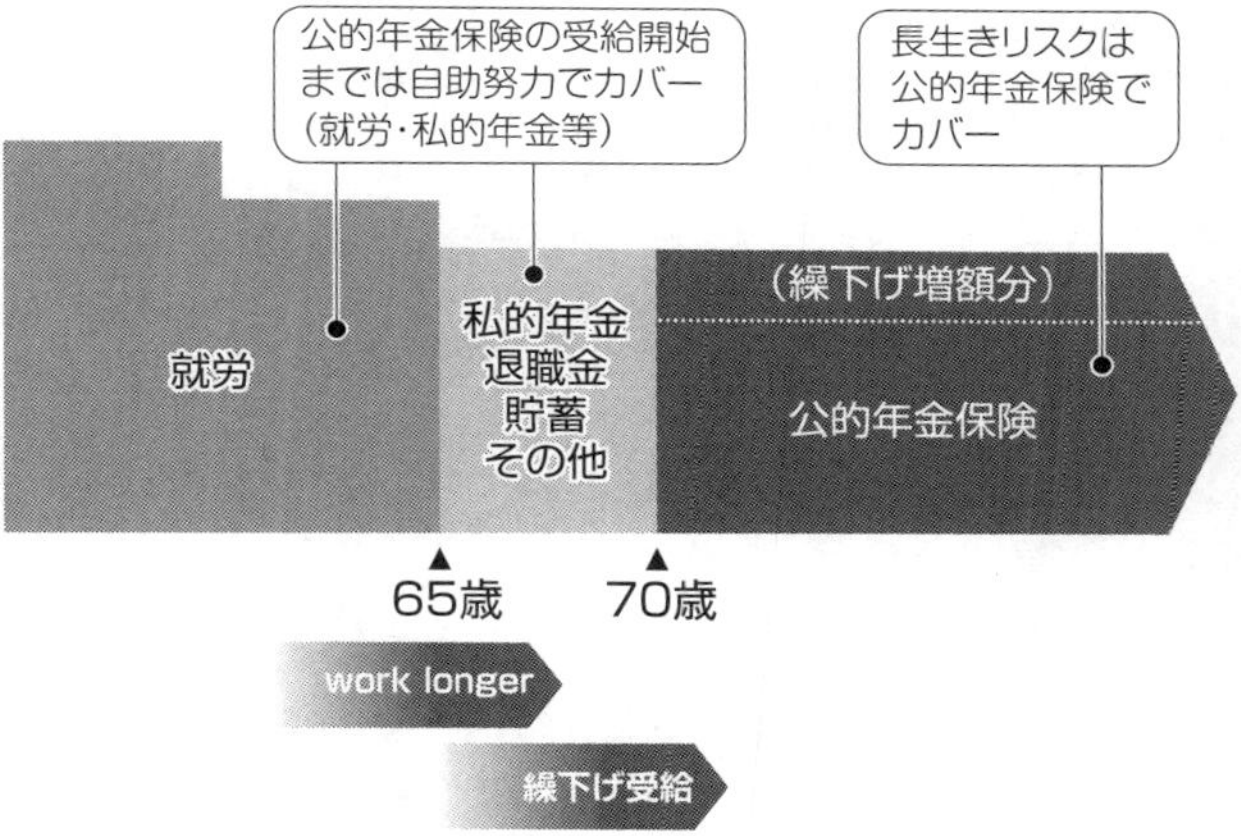

ため、長生きするリスクに対応しているからです。一生涯受け取れる公的年金などが、これに当たります。

iDeCoや新NISAは、老後資金を準備する代表格です。これらは年金を受け取るまでの「中継ぎ」として考えるのが適切なのです。

60歳で定年を迎えたあとは、再雇用などで継続的に働く人が多いと思います。給与所得が生活費になります。そして再雇用も終わると、今度はiDeCo、新NISA、退職金、企業年金、老後資金などを生活費に充てます。これが年金の繰り下げ期間中の生活費の基本になるのです。

名古屋経済大学経済学部教授の谷内陽一氏も、iDeCoや新NISAなどの私的年金を繰下げ受給するための「中継ぎ」と位置づけ、「WPP」というネーミングで発表しています。

「WPP」とは、「Work longer（就労延長）」「Private pensions（私的年金）」「Public pensions（公的年金）」のことです。これを先発（就労延長）、中継ぎ（私的年金）、抑え（公的年金）と野球にたとえて解説しています。

私もこの意見に賛成です。

中継ぎの部分が私的年金だけでは足りない場合には、老後資金を使ってもよいという考えです。それが、老後のお金としてもっとも適している「終身年金」を充実させることにつながるのです。

●60歳からのお金、運用より大切な考え方

新NISAは、とてもよい制度です。老後資金を準備する資産形成の時期には、ぜひと

も活用してほしいと考えています。

では、資産形成が終わり、貯まった資産を取り崩す局面（資産活用）では新ＮＩＳＡは不要かというと、そうではありません。いくつかある選択肢のひとつになると思います。何もやらないより、資産寿命を延ばすことができます。

ただ、何ごとにも優先順位があります。この場合、新ＮＩＳＡよりも、年金の繰下げ受給のほうがはるかに効率的です。余裕資金がある場合の二番手の策として考えてください。

たとえば、年金待機中でも生活費の目途が立つのであれば、老後資金の一部を使って新ＮＩＳＡで運用するのもいいでしょう。年金の繰下げ受給と新ＮＩＳＡを併用すれば、老後資金はより安泰になります。

●新ＮＩＳＡを老後資金で使うときの注意点・弱点

シミュレーションでは、老後資金の一部を預貯金として取っておきました。どうせなら全額を運用すればいいのではないかと考えるかもしれません。しかし、老後資金の全額を運用するのは避けてください。やはり運用ですので、価格の変動リスクがあります。増えることもあれば、減ることもあるのです。

投資先を全世界や、株式、債券などいくつかに分散している投資信託などは、リスクが低く比較的安全な資産運用だと言われています。そして、長期で考えた場合、基本的に上昇していくという予測です。

とはいっても、リーマン・ショックのような世界経済を揺るがす出来事が起こると、大きく下がることもあります。たまたま価格が下がったときに大きなお金が必要になったら、目減りした老後資金から、さらにお金を引き出さなければなりません。ある程度、預貯金のままにしておき、状況により引き出せたほうが、臨機応変な対応が可能です。

もしものときの出費に備えるなら、預貯金で持っておくほうが安全だし、使い勝手もいい。さらに言うなら、認知症や死亡のリスクもあります。

認知症になったときには、資産が凍結されることをご存じでしょうか。

投資信託や株式、不動産、さらには銀行の預貯金なども、勝手に売却したり引き出すことができなくなります。

認知症になると、引き出すための本人の意思を確認できないからです。また、本人に代わって親族がお金を引き出すこともできなくなります。

たとえば、新ＮＩＳＡの口座に１５００万円あったとします。有料老人ホームへ入居する頭金にその１５００万円を使いたくでも、本人が認知症だと意思確認ができないため、自由に引き出せません。

一方、銀行などの預貯金も同じように凍結されますが、まったく引き出せないことはありません。金融機関によっては緊急措置として、家族の引き出しをある程度は認めてくれる場合もあります。

原則としては、成年後見制度を利用して、一定の条件を満たすことで引き出せます。

年金は本人の口座に振り込まれますので、やはり口座は凍結されます。しかし、金融機関に代理人届を出せば、預金の引き出しや定期預金の解約ができます。

認知症になったときを考えても、年金や預貯金などのほうが役に立つわけです。

●退職金の考え方

老後資金の中で、大きなウエートを占めているのが退職金です。退職金という大きなお金が入ると、どうしようかと悩む人が多くいます。

退職金の平均額は、厚生労働省「就労条件総合調査（令和5年）」によると、大卒の平均は2283万円、高卒の平均は1610万円です。中小企業の退職金は、東京都産業労働局「中小企業の賃金・退職金事情（令和4年）」によると、モデル退職金は大卒で1323万円、高卒は1204万円です。

これだけまとまったお金を手にするのは、人生でも初めての経験ではないでしょうか。気持ちが大きくなり、舞い上がってしまうかもしれません。国産車に買い替えるつもりが、急に外車が魅力的に見えてきたり……。たしかに、買えるだけの資金にはなります。

でも、ここで現実に立ち返ってください。

たとえば、1500万円の退職金が出た。いままで長期の休みも取れなかったので、慰労を兼ねて思い切って夫婦で世界一周クルーズに出かけたとします。

世界一周クルーズは、だいたい一人あたり平均で３００万円くらいかかると言われています。夫婦なら６００万円。退職金はあっという間に残り９００万円になってしまい、老後資金はだいぶ心許なくなってしまいます。思い出作りはとても大事だと思います。ただ、しっかりと計画を立てながら使うべきでしょう。

●銀行に相談はダメ

退職金などまとまったお金をそのままにしておくのは「もったいない」と思ってしまいがちです。少しでも利率のいいものに預けたい。できれば運用をして増やせたらいいな。これは当然の心理です。

とはいえ、それまで運用の経験がないときは、誰かに相談したくなるでしょう。そこへ銀行から電話がかかってくるのです。証券会社は敷居が高い人でも、銀行は身近な存在ですから、つい相談に出かけてしまいます。これがもっとも危険なパターンです。

銀行に行くと支店長などが出てきて、窓口ではなく奥にある個室へ通されます。特別待遇のようで、ちょっといい気分になります。

そこで勧められるのが、「退職金特別プラン」や「外貨建て保険」「変額保険」「投資信託」「ラップ口座」などです。

結論から言うと、どれも手数料が高く、ダメな商品ばかり。やめたほうが賢明です。

たとえば、「退職金特別プラン」は、定期預金と投資信託がセットになった商品です。

定期預金の金利は7%です。通常の定期金利が0・025%程度であることを考えると、非常に高い金利です。しかし、小さい字で「3ヵ月」と書かれています。ここを見落としてはいけません、7%は3ヵ月間だけで、その後は一般的な定期預金と同じ0・025%の金利になるのです。

投資信託のほうは、購入手数料が2%で、信託報酬は2%です（これは一例で、商品により異なります）。

定期預金で7%の金利がつくプランは、投資信託と定期預金を半分ずつで購入することになっています。

退職金特別プランのしくみ

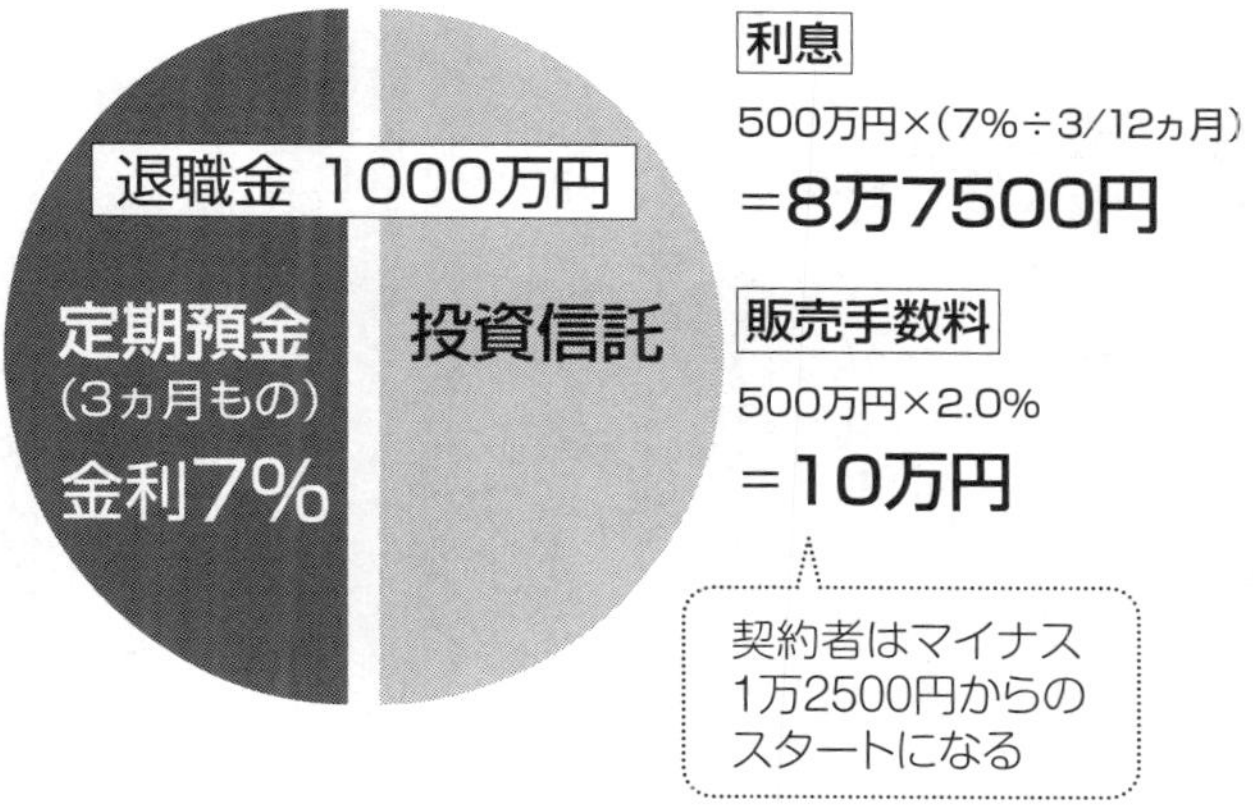

このプランで、定期預金５００万円、投資信託５００万円を購入したとします。

定期預金は年７％の利息ですから、５００万円×年７％×３／12ヵ月＝８万７５００円です。約９万円の利息がつくならいいように思えます。

一方、投資信託は購入手数料がかかります。５００万円×手数料２％＝10万円です。

定期預金の利息８万７５００円－投資信託の手数料10万円＝マイナス１万２５００円

つまり、「退職金特別プラン」は、最初からマイナスのスタートになるわけです。その後の預金はほとんど増えない状態です。投資信託は信託報酬（投資信託を運用・管理してもらうための費用）が2%くらいあるため、運用は2%以上のパフォーマンスを出さないと増えません。2%を下回れば、運用成績はマイナスになります。

ラップ口座はもっと手数料や信託報酬が高くなることがあるので、増える見込みはより小さくなります（ラップ口座というのは、金融機関に投資信託の商品の運用を任せるサービスです）。

ちなみに、新NISAの「つみたて投資枠」にある投資信託は、手数料がゼロです。信託報酬の上限も決まっていて、国内資産は1%以内、一部の海外資産は1.5%以内となっています。いま人気の投資信託・eMAXIS Slim全世界株式（オール・カントリー）の信託報酬は0.05775%です。

信託報酬が安いほど、長期投資に向いていると言われています。

銀行で扱っているのは、手数料が高い商品が中心です。資産運用に関しては、銀行には相談しない、近寄らないのが一番です。

●退職金の受け取り方

退職金の受け取り方について相談を受けたことがあります。

一時金で受け取ったほうがいいか、年金形式で受け取ったほうがいいか。この２つで、迷っているというのです。

これは退職金の受け取り方で、税金（所得税・住民税）が変わってくるからです。つまり退職金は受け取り方によって、手取り金額は変わるのです。

退職金を一括で受け取ると、退職所得控除があり、一定額まで非課税で受け取れます。退職所得控除は勤続年数で控除額が変わります。

退職金を年金で受け取った場合には、公的年金等控除があります。公的年金等控除は、65歳未満と65歳以上では控除額が変わります。

ほとんどの場合、一時金で受け取ったほうが手取り額としては得になります。退職所得控除の税制優遇のほうが大きいからです。年金で受け取った場合には、公的年金等控除が使えますが、所得が増えることで所得税、社会保険料なども増え、実質の手取り額が減ってしまいます。退職所得控除を超える分は年金で受け取るという、一時金・年金の併用がよい場合もあります。

多くのＦＰ（ファイナンシャルプランナー）がこのように答えるでしょう。

ただ、退職金は一時金より年金で受け取ったほうがよいのではないかと、私は考えています。

一時金で受け取った何人かに、退職金の使い道を聞いたことがあります。すると、「何に使ったんだっけ？　覚えていない」と言う人もいました。無駄遣いとまでは言いませんが、一度にまとまったお金が入るとつい気持ちが大きくなり、うまく活用できなくってしまう人が少なくないからです。

だったら、少し手取りは少なくなっても、年金で受け取ったほうが計画的に使えるのではないでしょうか。

年金形式だと、「収支のバランス」を保つために、お金を活かす使い方ができるのです。

第2章

年金は本当に大丈夫なのか

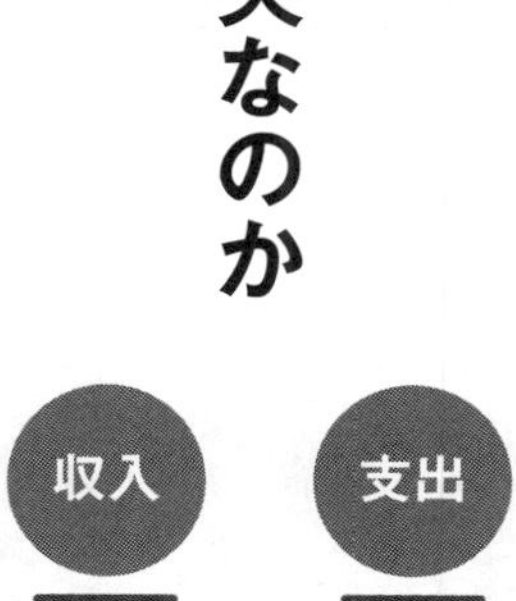

●年金に頼らずに、何に頼るの？

老後の生活を安定させるには「収支のバランス」が重要で、それは年金の収入を中心に考えます。

しかし、年金に不信感を持っている人が多いのも事実です。「年金なんて頼りにならない」「本当にもらえるの？」「年金は払い損だ」といった声も聞きます。

では、年金は当てにならないという人にお尋ねします。老後の生活で年金を頼らないのであれば、何を頼りにするのでしょう。

それまで貯めてきたお金を老後資金にするなら、どのくらい必要か計算したことがありますか。

総務省の「家計調査（2023年）」によると、65歳以上の夫婦世帯の生活費は月額平均で約28万円かかります。老後生活が30年間だとすると、必要額は約1億円になります。

単身者の生活費は月額約16万円かかります。老後生活が30年間だとすると、必要額は約

５８００万円です。

もし、年金に頼れないというのなら、夫婦世帯ならば65歳の時点で約１億円が準備できていなければなりません。もしくは、ずっと働き続ける必要があります。

実際には、年金を受け取ることができるので、１億円近いお金を準備しなくてよくなるのです。

老後において、重要な収入源となる年金です。だからこそ、正しく理解し、うまく使いこなせるようにしたいものです。

年金については誤解も多いと感じます。よくある誤解を解き明かしていきましょう。

●「年金は崩壊する」だから信用しない

「年金制度はいずれ崩壊するから信用しない」という話をよく耳にします。

年金制度が崩壊したらどうなるかを想像してみてください。

高齢者の約４割が年金だけで生活しています（97ページ参照）。年金が崩壊すると、その人たちの暮らしは成り立ちません。もし生活保護の対象になったら、生活保護者が急激に増えます。

生活保護の財源は、国が4分の3、地方自治体が4分の1を負担しています。生活保護の受給者が増えれば、税金の負担がさらに増します。ちなみに、年金の主な財源は、毎月の給与から引かれている社会保険料が大半を占めています。

年金制度が崩壊すれば、生活保護のために税金の負担が大きくなるわけです。政府としてはこの事態を避けたいので、年金制度を崩壊させることはありません。ただ、年金の受給額などは、調整が行われます。

●年金は払い損になるので、払うだけムダ?

「年金は払った額以上はもらえない。払い損になるから、できれば年金保険料を払いたくない」という意見もあります。とは言っても会社員の場合は、「年金は給与から天引きされているのでしかたがない」なんて考えていませんか?

国民年金は約10年で元が取れる！

支払う保険料

月額保険料 1万6980円×12ヵ月×40年間

受給額

国民年金受給額（満額）の月額は6万8000円。
65歳から1年間の受給額は81万6000円。
10年目で816万円になるので、支払った額を超える!

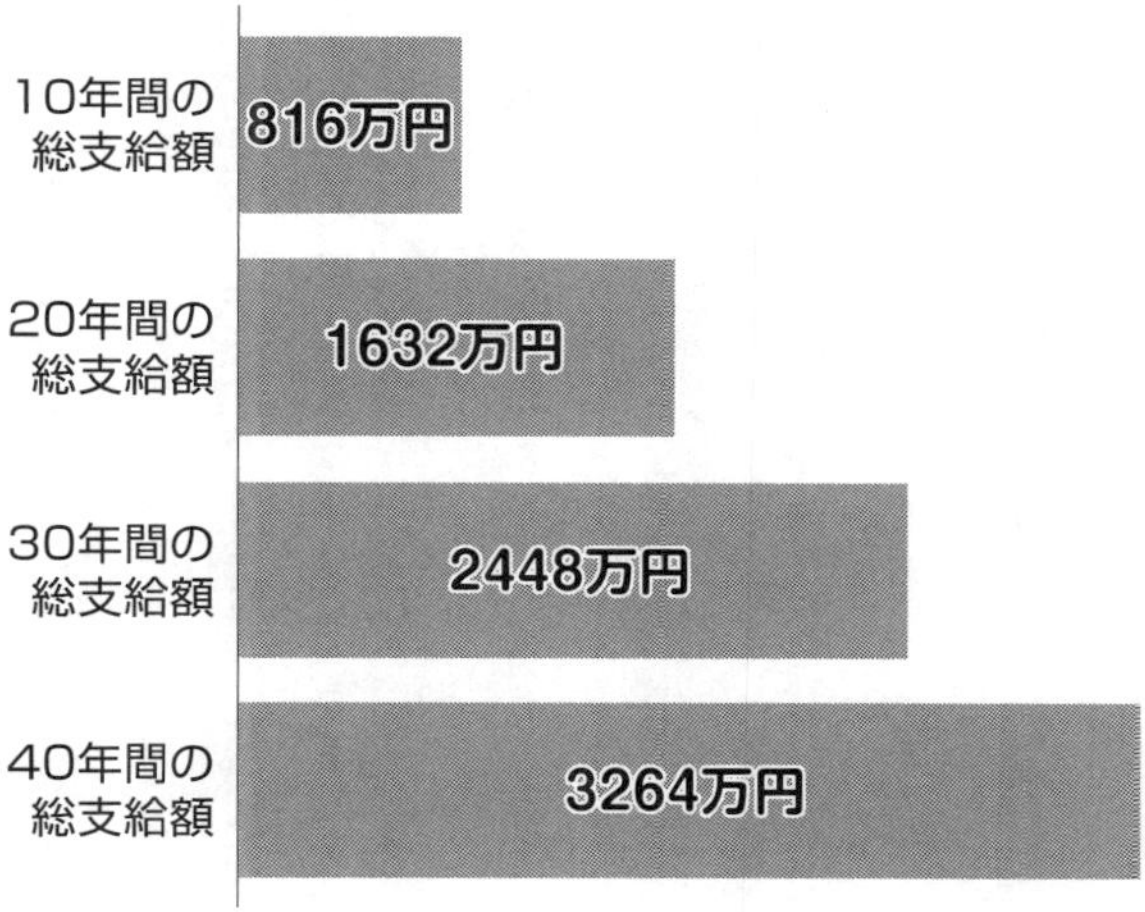

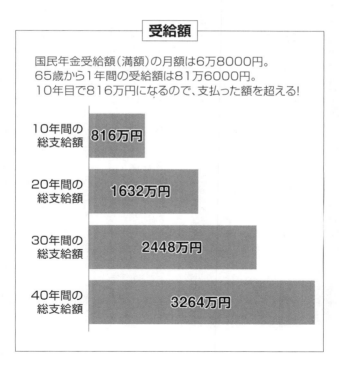

本当に「払い損」なのでしょうか？

では、日本国内に住んでいる20歳以上60歳未満の人がすべて加入する国民年金で検証してみます。

国民年金の２０２４年の保険料は月額1万６９８０円（年額20万３７６０円）です。40年間納付すると、年金は満額を受け取れます。総支払額は８１５万４００円です。10年間受け取ると受け取る金額は、月額６万８０００円（年額81万６０００円）です。65歳から10年間、つまり75歳まで受け取ればほぼ元が取れるわけです。20年で約2倍、30年で約３倍の金額を受け取れます。

したがって、払い損になる可能性はとても低い。むしろお得な制度です。

たしかに10年以内に亡くなれば、損だとは言えます。ただ、死後にお金は必要ありません。使わないのですから、損得も関係ないのです。

しかし、長生きしたときにお金がないと困ります。

年金は長生きのための保険なのです。

●保険料を払っていない人が多いらしい。やっぱり危ないのでは？

厚生労働省の令和4年度の国民年金の加入・保険料納付状況によると、年金保険料の未納者は約1割います。

「1割もの人が保険料を払っていない？　やっぱり年金制度は危ないのでは？」

不安になる気持ちはわかります。

以前は35％の人が未納だったそうです。それに比べればかなり改善はされましたが、1割は多いですね。でも、この1割は国民年金の未納者です。

第2号被保険者の会社員など厚生年金の加入者は、給与から天引きされるため、未納者はほとんどいません。また、第3号被保険者の専業主婦などは、そもそも保険料の納付がないため、未納にはなりません。

第1号被保険者のうちの約1割が未納者です。ただ第2号被保険者を含めた全体で見れば、年金の未納者は1％未満ですので、これによって年金の財源が傾くとは考えにくいのです。

●自分で払った分は自分でもらえないなら払い損？

日本の年金制度は賦課《ふか》方式です。

現役世代が納めた保険料は、現在の高齢者の年金に使われます。いま、保険料を納めている人が高齢者になったときは、次の現役世代の保険料から年金を受け取ります。

賦課方式は「仕送り方式」と言ったほうがわかりやすいですね。

「年金制度は当てにならないから、自分のお金を積み立てて、それを受け取ったほうがいいのではないか」

そういう意見もあります。

しかし、自分で積み立てたお金を受け取るとき、インフレになっていたらどうでしょう。20年間積み立てている間にインフレが進行し、お金の価値が半分に下がってしまうかもしれません。これでは暮らしていけないですね。

賦課方式とは

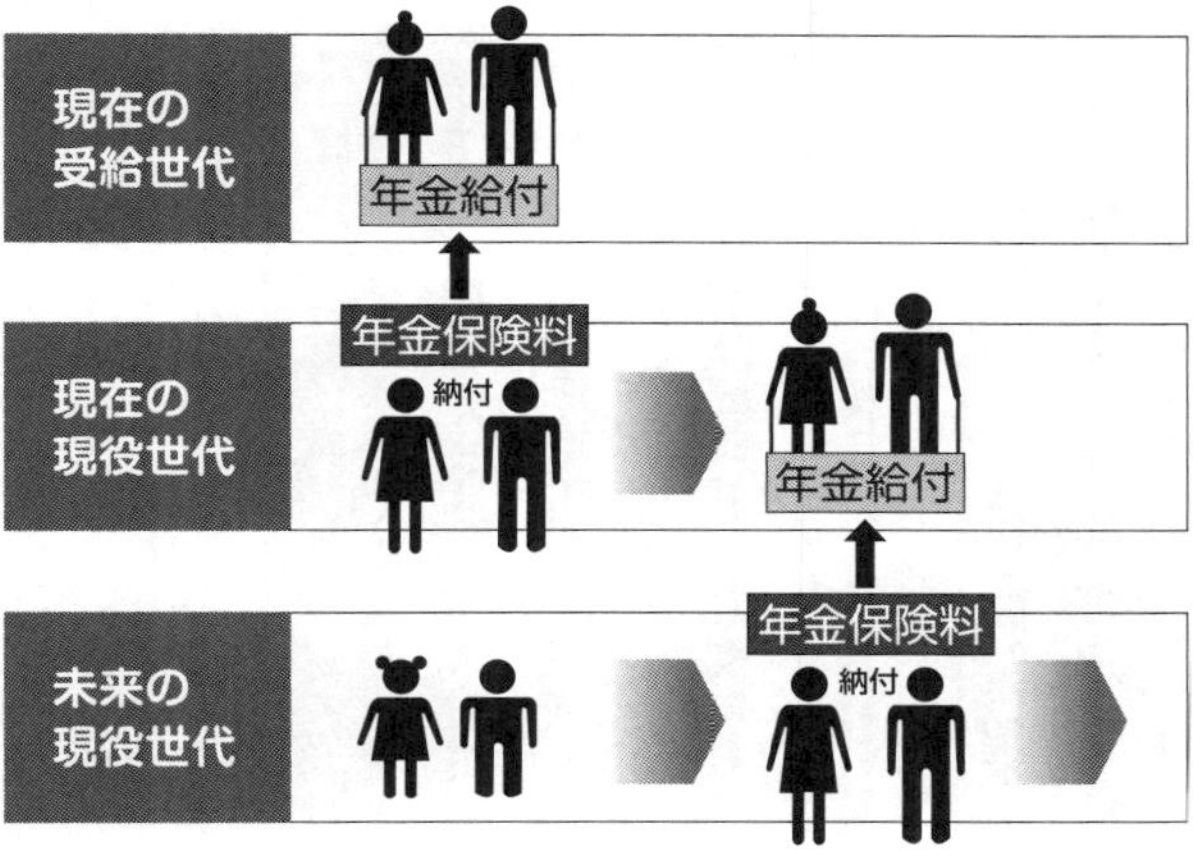

賦課方式は物価や現役世代の所得に連動しているので、支給額も変わります。もちろんマクロ経済スライドで調整はありますが、インフレには対応できています。

多くの先進国がこの賦課方式を採用しているのも、そういった理由があるからです。

●年金の財源は大丈夫なのか

高齢者に給付されている年金の総額は、58兆円です。

この財源は、40・9兆円が公的年金の加入者（第1号、第2号被保険者）の年金保険料です。およそ4分の3ですね。4分の1の

13・7兆円が国庫負担、つまり税金からの拠出になります。これだけでは足りないので、残りの3・4兆円は、GPIF（年金積立金管理運用独立行政法人）の積立金から取り崩しています。GPIFとは、簡単に言うと年金の積立金を運用しているところです。

「毎年3・4兆円も取り崩したら、そのうち底をついてしまうんじゃない？」「GPIFの運用はうまくいっていないのでは？」

心配する声も聞こえますが、大丈夫です。

かつて、GPIFの運用がうまくいっていないというニュースが何度か流れました。そのため、運用状況が悪いままだという印象を持っている人が多いのですが、これは誤解です。不調なときだけニュースに取り上げられるのであって、実際はプラスの運用ができています。

2023年度は、なんと約45兆円の収益が出ています。運用開始以来の累計では約154兆円の黒字です。運用開始以来で見ると、年率約4％の運用成績を上げています。

取り崩しはしていますが、運用が上回っているため元本は減っていません。現在の運用資産額は約246兆円です。

年金の財源は

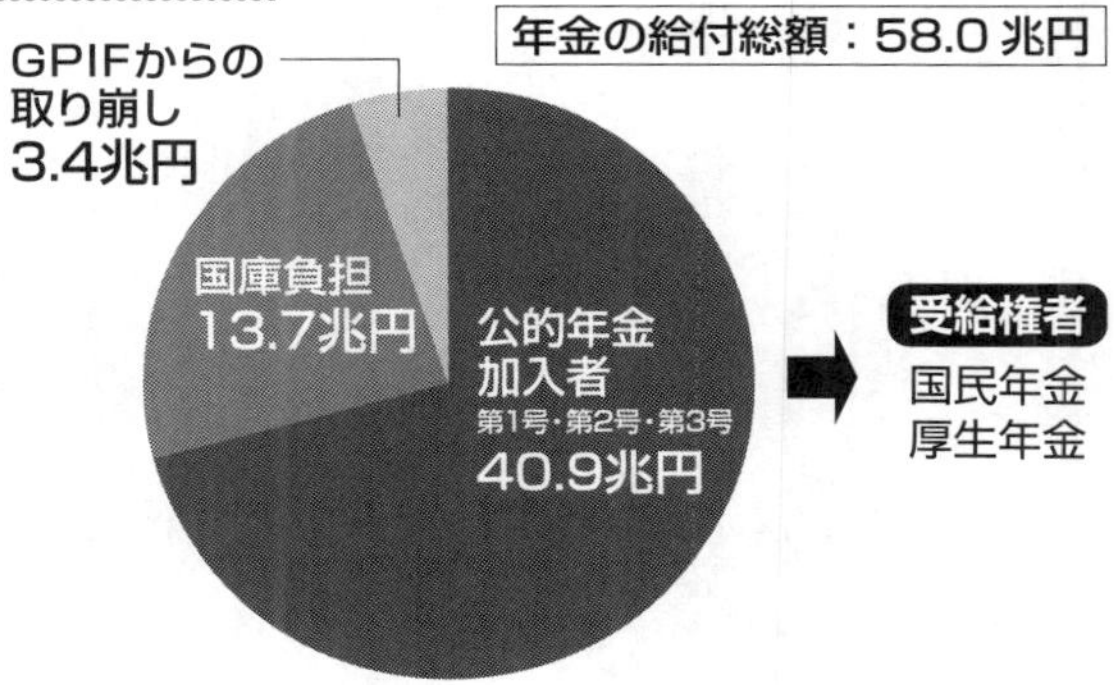

GPIFの運用は

収益率

2023年度
22.67%（年率）

市場運用開始以降
（2001年度～2023年度）
4.36%（年率）

運用資産額

2023年度末時点
245兆9815億円

収益額

市場運用開始以降
153兆7967億円

市場運用開始（2001年度）後の累積収益額

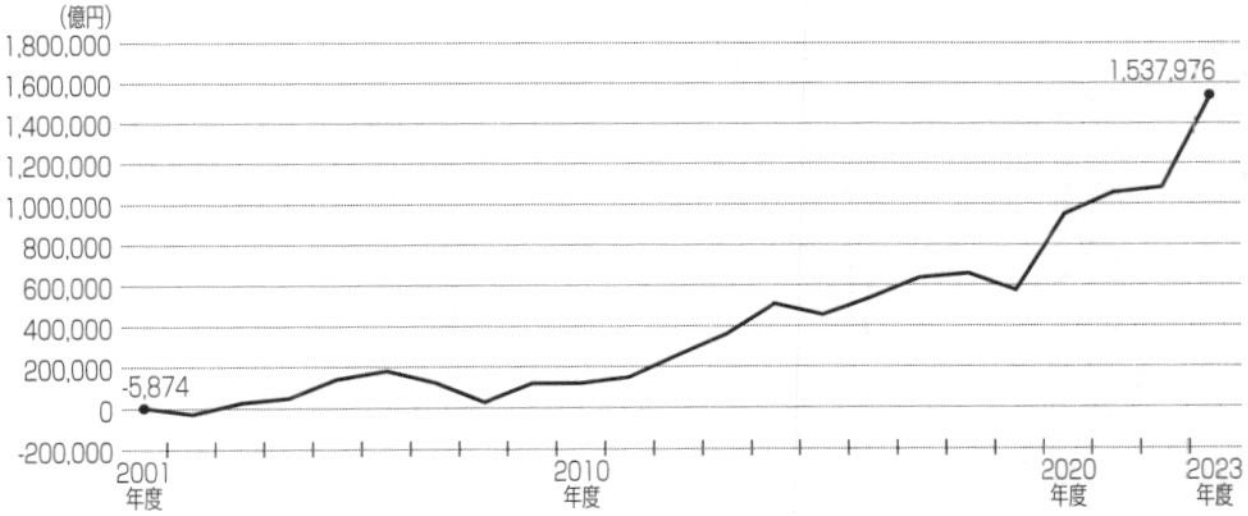

出典:GPIFのホームページより

この運用資産額は、年金財政の中の1割です。全部を運用しているわけではありません。

そこについても誤解が多いようです。

ですので、現状では年金破綻は心配はいらないでしょう。

●少子高齢化だけれど、維持していけるの？

「現状では大丈夫なことはわかった。でも、この先少子高齢化で、高齢者はドンドン増えていく。それでも年金制度は続けていけるの？」

少子高齢化はたしかに心配でしょう。

2023年、人口に占める65歳以上の高齢者の割合は29・1%です。2040年には、34・8%になる見込みです。

しかし、このままずっと高齢者が増え続けることはありません。団塊ジュニアが高齢者になる2040年までは上昇していきますが、それ以降は横ばいが続くと予測されています。

年金はずっと肩車状態で維持している

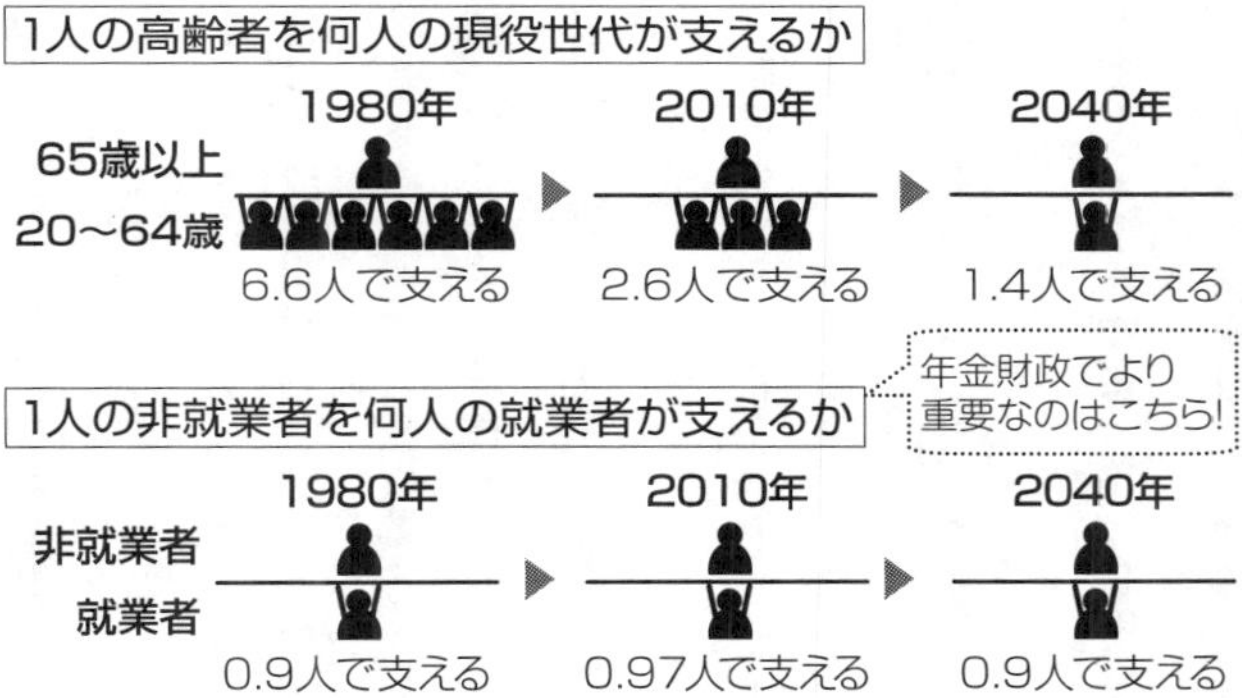

出所：「労働力調査、国立社会保障・人口問題研究所（2017年統計）」「労働政策研究・研修機構データ（ゼロ成長シナリオ）」など
出典:『人生100年時代の年金・イデコ・NISA 戦略』田村正之著

とはいえ、現役世代が減っていく中で、増加する高齢者を支え切れるのでしょうか。

1980年には騎馬戦型で支えていたスタイルが、2010年には神輿《みこし》型になり、2040年には肩車、つまり1人の高齢者を1人の現役世代が支えるようになる。年金制度は、よくこんな説明がされます。

ここで使われる数字は、分母が20歳から64歳までの人口、分子が65歳以上の人口です。ですが、単純に人口で割った数字なので、実態とは少し違ってきます。分母は本来、就業者の数になるべきです。なぜなら第3号被保険者は保険料を払っておらず、また、いまや65歳以降も多くの人が働いているからです。

分母を就業者、分子を非就業者に変えると、ほぼ肩車の図式が何年もずっと続いてきていることがわかります。

高齢者は増えているものの、昔に比べて女性の労働参加が急激に増えました。専業主婦の割合は共働き家庭の2倍でしたが、いまでは逆転して共働き世帯が専業主婦の2倍以上になっています。また、60歳が定年でも、ほとんどの人が65歳まで働いていますし、70歳まで働いている人は全体の17%以上います。高齢者の労働参加も増えているのです。

この先も、少子高齢化によって、すぐに年金制度が崩壊するとは考えにくいと言えるでしょう。

年金制度は、5年に1回財政検証が行われ、その都度見直されています。

●ヒューリスティックな考えが誤解を呼ぶ

これまで見てきたように、年金制度は誤解されている部分が多いと感じます。

年金制度について正しい知識を持つことは、非常に重要です。なぜなら、老後生活では絶対に必要なお金（収入源）だからです。

「少子高齢化」「財源が危ない」、だから「年金制度は崩壊する」「年金は当てにならない」と、直感的に判断してしまうことがあります。

これを行動経済学では「ヒューリスティック」と呼びます。「ヒューリスティック」とは、意思決定をする際に論理的にひとつひとつを検証するのではなく、経験則や先入観によって直感で判断することです。年金についても、ヒューリスティックな考え方で、誤解している人が多いのです。

●年金制度とは

そこでまず、年金制度の基本についてお話ししたいと思います。制度の話はつまらないかもしれませんが、これを正しく理解しておかないと損をしてしまいかねません。

公的年金は「国民年金」と「厚生年金」の２種類です。国民年金が１階部分、厚生年金がそこに上乗せする2階部分だと説明されます。

ライフコースで将来の年金は異なる

	自営業者・フリーランス 国民年金 第1号被保険者	会社員 公務員 国民年金 厚生年金 第2号被保険者	専業 主婦(夫) 国民年金 第3号被保険者
現役時代(保険料を負担)	保険料と加入期間 月額 1万6980円 (定額) 20歳から 原則60歳まで	保険料と加入期間 月給の 18.30% (会社が半額負担) 就職から 退職まで	保険料と加入期間 負担なし 20歳から 60歳まで
引退後(年金を受給)	月額 6万8000円 亡くなるまで	月額 約14万5000円 (平均) 老齢厚生年金と 老齢基礎年金の合計 亡くなるまで	月額 6万8000円 亡くなるまで
2階		老齢厚生年金	
1階	老齢基礎年金	老齢基礎年金	老齢基礎年金

国民年金は、20歳から60歳までのすべての国民が加入することになっています。加入者は働き方によって3つに分かれます。自営業者やフリーランスは第1号被保険者、会社員や公務員は第2号被保険者、第2号被保険者の配偶者で専業主婦(夫)は第3号被保険者です。

2階部分の厚生年金の対象は、第2号被保険者です。

国民年金の保険料は、1ヵ月あたり1万6980円です（2024年度）。保険料の半分は国が負担しています。なお、保険料は毎年改定されます。

厚生年金の保険料は、報酬月額の18・3％で固定されています。保険料の半分は会社が負担しますので、実質の負担額は9・15％です。

第3号被保険者は、保険料の負担はありません。

●年金制度の基本

国民年金、厚生年金から受け取るのは、「老齢年金」「遺族年金」「障害年金」の3種類です。

国民年金は、「老齢基礎年金」「遺族基礎年金」「障害基礎年金」と呼びます。

厚生年金は「老齢厚生年金」「遺族厚生年金」「障害厚生年金」です。

公的年金は老後に受け取るお金の印象が強いのですが、被保険者が死亡したときには、その人に扶養されていた遺族に「遺族年金」が、重い障害を負って働けなくなったときには「障害年金」が支給されます。このように保険としての役割を担っています。

ここでは、老後に受け取る「老齢基礎年金」「老齢厚生年金」について説明します。

一般的に、65歳になると「老齢基礎年金」「老齢厚生年金」が支給されます。といっても、老齢年金は60歳から75歳の間ならば、いつでも受け取ることができます。

基準となる65歳より前、60歳から65歳までに受け取る方法を繰上げ受給と言います。逆に、66歳から75歳までの間に受け取る方法を繰下げ受給と言います。繰上げ受給と繰下げ受給については、第3章で詳しく説明します。

●遺族厚生年金（専業主婦）

定年後は、夫婦二人暮らしというケースが多いと思います。二人そろって100歳まで生きられればいいのですが、これればかりはわかりません。

現実には、どちらかが先に亡くなります。

平均寿命を見ると、男性より女性のほうが6年長生きです。最後は女性が一人になる可能性が高いと言えます。

そこで遺族年金についても知っておきましょう。

遺族基礎年金は65歳未満が対象なので、65歳以上は遺族厚生年金だけです。

「夫の年金の4分の3を遺族年金として受け取れる」と思っている人が多いようですが、これはよくある誤解です。遺族年金は夫の厚生年金の4分の3です。国民年金（老齢基礎年金）部分は個人のものなので、夫が亡くなると夫の基礎年金の支給はストップします。

妻の遺族厚生年金の計算方法は次の通りです。

①夫の厚生年金の4分の3

②夫の厚生年金の2分の1と妻の厚生年金の2分の1の合計

③妻の厚生年金

このうち、もっとも高い金額が自動的に選ばれます。
具体例で見ていきましょう。

夫の基礎年金６万円＋厚生年金12万円＝18万円
妻の基礎年金６万円

だったとします。専業主婦は基礎年金だけですから、夫の厚生年金の４分の３になります。

12万円×3/4＝９万円
妻の基礎年金６万円＋夫の遺族厚生年金９万円＝15万円
夫婦二人の年金収入24万円だったものが15万円になるため、９万円減です。

専業主婦の遺族年金はいくら？

◉65歳以上の夫婦で妻が専業主婦の場合

妻の年金受給額

基礎年金
6万円

夫の年金受給額

基礎年金　厚生年金
6万円＋12万円
＝18万円

遺族厚生年金の計算式

①12万円×3/4＝9万円
②6万円＋0円＝6万円
③0円

夫の死亡後の妻の年金額

妻の基礎年金　夫の遺族年金

6万円 ＋ 9万円 ＝ 15万円

遺族厚生年金の
計算式で
もっとも高い金額（①）

夫の生前時の
年金合計（24万円）に比べ
マイナス9万円になる

老後は夫婦の年金を合わせて生活費にしているケースが多いと思いますから、合計金額は少なくなります。
二人の生活から一人の生活になるため、生活費も減ります。とはいっても、半分というわけにはいかないので生活は厳しくなるでしょう。

●遺族厚生年金（共働き）

今度は、共働き家庭の例を見てみましょう。

夫は、基礎年金6万円＋厚生年金14万円で合計20万円
妻は、基礎年金6万円＋厚生年金10万円で合計16万円

先述した計算式に当てはめると、次のようになります。

共働き夫婦の遺族年金はいくら？

◉65歳以上の共働き夫婦の場合

妻の年金受給額

基礎年金　厚生年金

6万円＋10万円

＝16万円

夫の年金受給額

基礎年金　厚生年金

6万円＋14万円

＝20万円

遺族厚生年金の計算式

①14万円×3/4＝10.5万円

②7万円＋5万円＝12万円

③10万円

夫の死亡後の妻の年金額

妻の基礎年金　妻の厚生年金　夫の遺族年金

6万円＋10万円＋2万円

＝18万円

遺族厚生年金の計算式でもっとも高い金額（②）。②の12万円から妻の厚生年金（10万円）を引いた金額

夫の生前時の年金合計（36万円）に比べマイナス18万円になる

①14万円×3/4＝10・5万円
②7万円＋5万円＝12万円
③10万円

この場合は、②の12万円が遺族厚生年金の額です。しかし、妻の厚生年金が10万円あるので、12万円から10万円を引いた2万円が夫の遺族厚生年金になります。

妻の基礎年金6万円＋妻の厚生年金10万円＋夫の遺族厚生年金2万円＝合計18万円

夫が生きていたときは世帯収入36万円だったものが、18万円になります。つまり、夫が亡くなると、収入が半分になってしまうわけです。

共働き世帯の場合、二人とも厚生年金が同じような金額の場合には、遺族厚生年金は期待できません。

また、繰下げ受給をして、自分の厚生年金を増額していた場合、遺族厚生年金の計算は、自分の厚生年金との差額になるため、繰り下げて増額した分、遺族厚生年金が減ってしまうということもあります。

もっとも、どちらが先に亡くなるかはわかりません。いずれにしろ、一人になっても生活を維持できるように、基礎年金や厚生年金を繰り下げて受給額を増やすなど対策を講じておくことも大切です。

第3章

「減らない財布」の手に入れ方

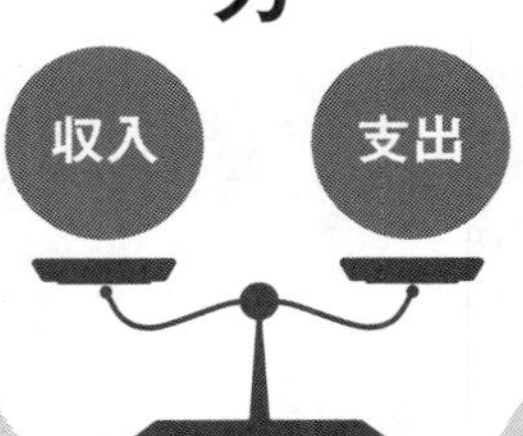

●「減らない財布」を手に入れる方法

老後生活においては「収支のバランス」が大事です。「収支のバランス」が取れると、「減らない財布」が手に入ります。

とくに何もしなくても、公的年金の収入と生活費の支出が同じ人もいると思います。それはそれで「減らない財布」を手にできています。とはいえ、財布の中身はどうでしょう。ギリギリで余裕がない状態ではありませんか。

単に収支のバランスが取れているだけでは、豊かで楽しい老後生活は送れないかもしれません。

「減らない財布」を手に入れるコツは、老後の収入を増やすことと支出を減らすことです。収入の増やし方は、「年金の受給額を増やす」「就労による収入を増やす」の2つがあります。就労については給与を増やすのもよいのですが、少ない金額でも長く働くことを重視します。

支出の減らし方は、家計のダウンサイジングです。

まとめると、次の３つの方法になります。

「年金の繰下げ受給」

「長く働く」

「家計のダウンサイジング」

これらを組み合わせて、「減らない財布」を手に入れて、老後生活を豊かにしていきます。

●年金だけで生活は可能なのか

「減らない財布」のベースになるのは、前にもお伝えした通り、公的年金です。

はたして、自分は年金だけで生活できるのか。それを確かめていきます。

まずは、年金はどのくらい受け取れるか、定年後の生活費はどのくらいかかるのかを知る必要があります。

年金の受給額は、それぞれ異なります。自分の受給額を知りたいときは、「ねんきん定期便」で確認ができます。

50歳以上の人は、60歳までその仕事を続けたと仮定した見込み額が記載されています。したがって、65歳での金額はだいたいの予測です。

50歳未満の人は、加入実績から計算した受給額です。かなり少ないと感じるかもしれませんが、ご安心ください。これから加入年数が増えるにつれて、金額も増えていきます。

ここでは平均値で話を進めます。

厚生労働省「厚生年金保険・国民年金事業の概況（令和4年度）」によると、平均的な年金受給額は、男性が16万3875円、専業主婦が5万4426円です。世帯収入は約22万円になります。共働きの場合は、男性16万3875円、女性10万4878円で、世帯収入は約27万円です。

次は老後の生活費です。生命保険文化センター「生活保障に関する調査（2022年）」によると、最低生活費として平均月額23・2万円は必要だとしています。ゆとりのある生活をするためには、平均37・９万円が必要です。

総務省の家計調査「65歳以上の夫婦のみの無職世帯（２０２３年）」のデータでは、１ヵ月の生活費の平均は28万２４９６円です。

専業主婦世帯の年金は平均約22万円ですから、生命保険文化センターの最低生活費に近い数字です。年金収入だけで、なんとか最低限の生活は送れるレベルです。

一方、共働き世帯の年金は約27万円なので、家計調査の生活費の平均と同程度となっています。ほぼ年金だけで暮らしていけるでしょう。しかし、ゆとりのある生活には、かなり遠い数字です。

年金だけで生活できないというのは誤解で、最低限の生活は可能な金額です。二人とも厚生年金に入っている共働き世帯は厚生年金がダブルになるので、受給額が上がります。とはいっても、それほど余裕がある暮らしとは言えません。

では、単身者の場合はどうなるでしょう。

年金受給額は、男性が16万３８７５円、女性が10万４８７８円でした。

総務省の家計調査「65歳以上の単身無職世帯（高齢単身無職世帯）の家計収支（2023年）」のデータでは、1ヵ月の生活費は15万7673円です。

男性は年金だけで暮らしていける数字です。女性は毎月5万円の赤字になるため、かなりきつい暮らしになるかもしれません。


また、年金の受給額が少ない人は、どうしても老後の生活が厳しくなります。たとえば、フリーランスや自営業者は国民年金しか入っていませんから、満額でも月6万8000円とかなり低くなります。厚生年金に加入していても氷河期世帯の人たちは給与がなかなか上がらず、正社員も少なくなっています。非正規雇用は給与が少ないため、年金の受給額も少なくなります。

こういう場合は何らかの対策を講じないと、困った事態に陥ります。その対策は後ほど詳しく述べますが、基本としては長く働くことで補塡していきましょう。

●年金だけで暮らしている人の割合は？

実際に、年金だけで暮らしている人はどれくらいいるのでしょう。

厚生労働省「国民生活基礎調査の概要（２０２２年）」によると、全体の44％です。収入のうち年金が80％を占める家庭を含めると、60・５％になります。約６割が、年金収入を中心とした生活を送っているわけです。

もちろん、年金で暮らしているといっても、生活環境は一律ではありません。年金の受給額が少ないけれど、生活費を切り詰めてやっと生活している人。それなりの受給額があり、十分に生活費を賄える人。さまざまな状況が考えられます。

ですので、年金だけで十分だとは一概には言えませんが、老後生活において年金が大きな収入源であることは読み取れると思います。

ここで注目したいのが、約４割の人が年金収入だけで暮らしていることです。

公的年金が総所得に占める割合

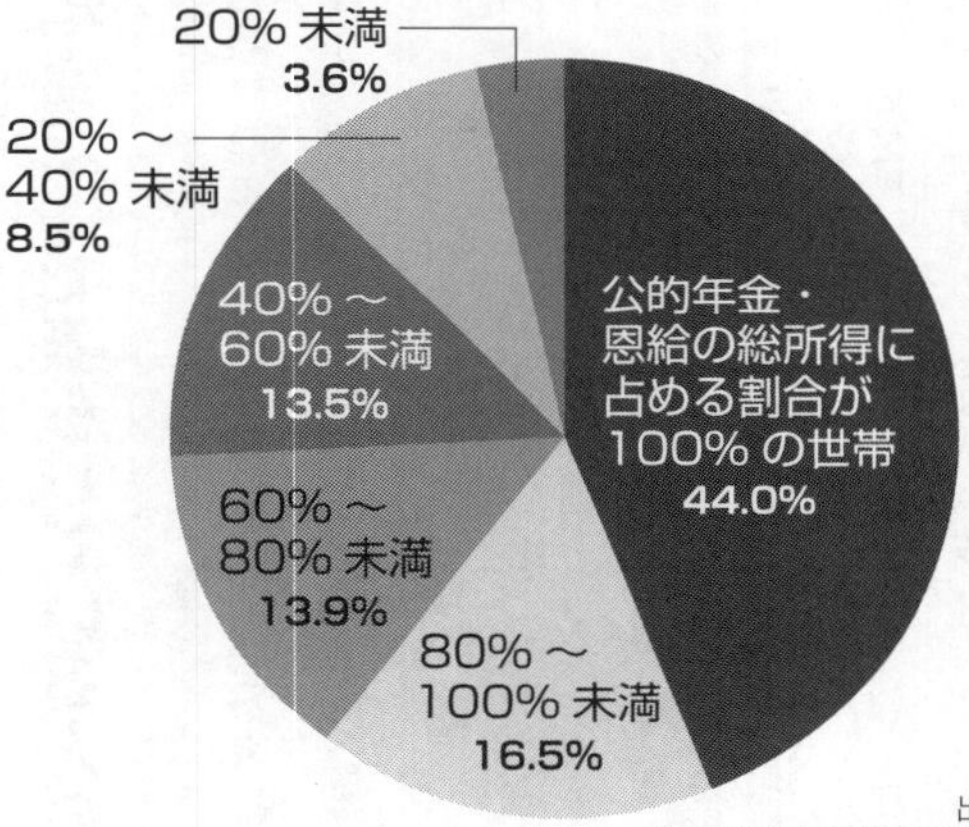

出典:厚生労働省
「国民生活基礎調査の概要(2022年)」

状況はどうであれ、この人たちは年金の収入と生活費の支出のバランスが取れているのです。

そう、これまでに述べてきた「収支のバランス」です。

じつは、多くの人は「収支のバランス」を実践できてはいます。ただ、そのためにギリギリまで切り詰め、爪に火を点《とも》すような生活では、本当の意味で「収支のバランス」が取れているとは言い難く、続けても楽しくないでしょう。

何も節約だけが手ではありません。「収支のバランス」を取りつつ、豊かで安心な老後を送ることが本書の目的です。

そこで、「収支のバランス」を取るために、収入を増やすことを提案します。しかも大変な手間は一切かかりません。危ない投資の話でもありません。

「年金の受給額は、65歳までに支払った保険料で確定するのでは？」

いいえ、増やせるんです。しかも、第1章でも触れましたが、運用よりずっとお得にです。

また。ここでは、さらに詳しくどうすれば実践ができるのかを解説したいと思います。

繰下げ受給とは逆に、繰上げ受給もあります。年金は受け取る時期によって、金額に差が出ます。

まずは、そのあたりを詳しく見ていきましょう。

●繰上げ受給について

60歳から65歳の間に年金を受け取ることを繰上げ受給と言います。「早くもらったほうが得ではないか」と思う人もいますが、これは間違いです。

年金の一般的な受給開始は65歳です。これより時期を早めると、1ヵ月につき0・4％が減額されます。1年で4・8％、60歳まで繰り上げると24％の減額になるのです。いったん減額されれば、一生涯その金額です。

早く受け取る分、最初は得をします。しかし、減額された金額がずっと続くため、通常の65歳から受け取る人と比べてみると、途中から総受給額で損していくことになります。損益分岐点は20年10ヵ月です。つまり、60歳でスタートした場合、65歳で年金を受け取った人と比較すると80歳10ヵ月以上生きたら損になるのです。

男性の平均寿命は81・5歳です。繰上げ受給をして60歳から年金を受け取った人と、65歳から受給した人の年金総受給額は、平均寿命で比べても大きな差はありません。

しかし、60歳男性の平均余命は23・59歳です。

平均寿命は、0歳から平均で何歳まで生きるかを表した数値です。平均余命は、その年齢から平均的に何歳まで生きるかを表します。平均余命で考えれば、83・59歳です。損益分岐点を超えてしまいます。

平均寿命はドンドン延びていますので、さらに寿命が延びるかもしれません。年金は長

繰上げ受給をすると、どのくらい減る？

◉年金月額15万円の場合

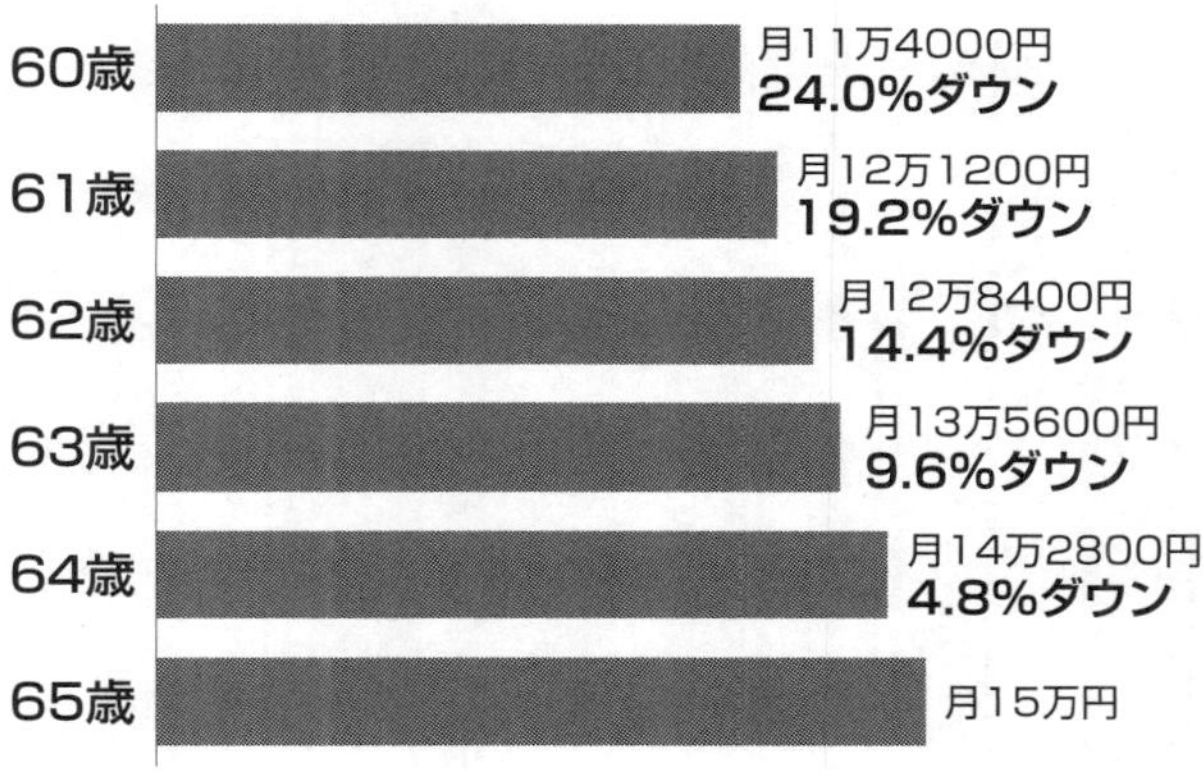

生きしたときに困らないための保険です。そう考えると、繰上げ受給は損になります。

それ以外にもデメリットがあります。

繰上げ受給をすると、障害年金を受け取れなくなります。障害年金とは、病気やケガによって生活や仕事などが制限された場合に受け取れる年金です。たとえば繰上げ受給をしているときにがんに罹患して、障害状態になったとしても、障害認定を受けることができません。また、公的年金は「1人1年金」が原則で遺族年金・障害年金・老齢年金の3つの年金がありますが、2つの年金を同時に受けとることができません。同じ理由で遺族厚生年金も受け取ることができなくなります。

国民年金の加入者は、繰上げ受給をすると寡婦《かふ》年金（第1号被保険者である夫が死亡したときに、その夫に扶養されていた60〜65歳の妻が支給される年金）を受け取ることもできなくなります。

また、任意加入ができないため、国民年金を積み立てられません（任意加入については135ページ参照）。

さらに、繰上げ受給は、基礎年金と厚生年金のどちらか一方だけを繰り上げることができないので、両方いっぺんに繰り上げになります。そして、一度繰上げ受給を開始すると、途中で取り消しはできません。

このように繰上げ受給はデメリットが多いので、どうしても生活に困るという状況以外はやめたほうがいいでしょう。

●繰下げ受給について

66歳から75歳までの間に年金を受給するのが、繰下げ受給です。

繰下げ受給をすると、どのくらい増える？

繰下げ受給の増額率＝0.7%×繰り下げた月数（66～75歳）

◉年金月額15万円の場合

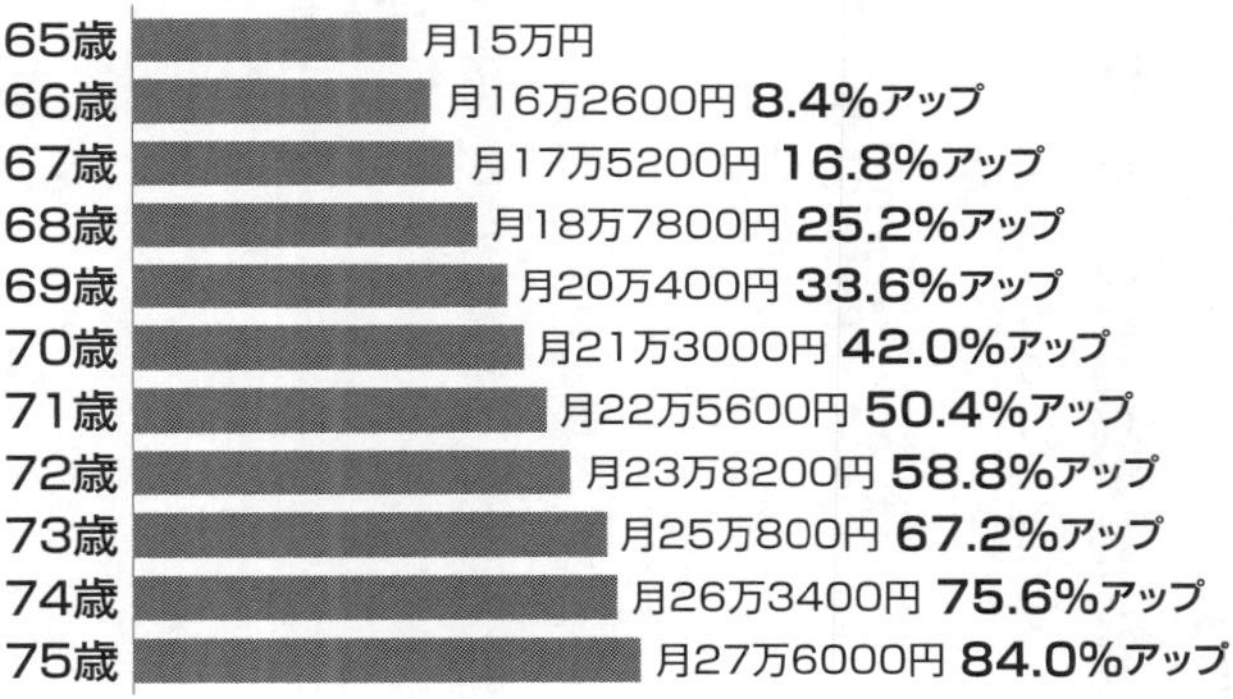

前にも説明しましたが、1ヵ月繰り下げるごとに0・7%が増額され、1年で8・4%です。70歳まで繰り下げれば42%、75歳までならなんと84%の増額です。

増額された金額を、一生涯受け取れます。

たとえば、65歳で年金受給額が年200万円の場合、70歳まで繰り下げると284万円に、75歳まで繰り下げると368万円に増えます。これを一生涯受け取れれば、生活は安定します。

ちなみに、前述した専業主婦世帯の平均受給額約22万円は、70歳まで繰り下げることで31・24万円になります。すると、家計調査の生活費の平均約28万円を3万円ほど上回ります。同様に、共働き世帯の約27万円は38・34万円に。ゆとりのある生活の37・9万円を超えます。

長生きの時代、繰下げ受給はメリットが大きいといえます。

ただ、繰り下げている間は年金の支給がありません。その期間の生活費は準備しておく必要があります。

総受給額で比べると、最初のうちは65歳でスタートした人より下回ります。損益分岐点は11年11ヵ月です。70歳まで繰り下げた人が65歳開始の人と同じ受給額になるのは、約82歳です。82歳以降は、総受給額の差はどんどん開きます。

●繰下げ受給は融通がきく

しかも繰下げ受給は、かなり融通がきく制度です。

基礎年金、厚生年金のどちらか一方だけを繰り下げることも、両方とも繰り下げることもできます。また、繰り下げは1ヵ月単位でできます。

繰下げ受給は、融通がきく制度

☑ 繰下げ受給は、途中でやめることができる

- 途中から年金の受給を開始する場合は
  その時点の増額した金額
- 未支給分を一括で受け取る場合、
  65歳時点での年金額で計算
- 死亡した場合、
  未支給分は遺族へ（みなし相続財産）

☑ 基礎年金、厚生年金のどちらか一方だけ、または両方を繰下げ受給できる

☑ 繰り下げの年齢は1ヵ月単位で決めることができる

70歳まで繰り下げようと考えていたけれど、途中で出費が重なり、老後資金が心許なくなった。そんなときは、途中から受給を始められます。68歳で開始した場合は、25・2％増額した年金をずっと受け取れます。

あるいは、途中で介護状態になり、急にまとまったお金が必要になった。こういうときは、65歳からの年金の未支給分を一括で受け取ることが可能です。

たとえば、65歳での年金受給額が年額200万円だとして、68歳で未支給分を一括で受け取るのであれば、3年分の600万円です。このお金があれば、有料老人ホームの頭金に充てることもできるのではないかと思

います。ただし、年金は65歳から受け取ったものと見なされ、65歳時点の受給額が一生涯続きます。

では、繰下げ受給をしている間に、亡くなってしまったらどうなるのでしょう。

年金は、本来65歳から受け取れるため、そこまでの未支給分を遺族が受け取れます。相続財産になりますが、生命保険などと同じように「みなし財産」として扱われ、相続税の優遇が受けられます。

繰下げ受給の手続きは、非常に簡単です。65歳になる前に送られてくる「年金請求書」を返送しなければ、自動的に繰り下げになります。

そして、受け取るときに「年金の繰下げ請求」をすれば大丈夫です。

繰上げ受給と繰下げ受給。長生きの時代ですから、繰下げ受給を選ぶことで総受給額ではかなり得になります。

では、どのくらい差が出るか計算してみましょう。

65歳での年金額は200万円とします。95歳まで生きたと仮定して、60歳までの繰上げ

繰上げ受給と繰下げ受給の差はどのくらい？

◉65歳での年金受取の年額200万円の人が、
95歳まで年金を受け取ったケース
受け取り開始が60歳・65歳・70歳・75歳で、
総受給額はどう変わるのか

60歳	65歳	70歳	75歳
繰上げ受給をして60歳で受け取った場合 200万円の24%減額＝152万円	65歳で受け取った場合	繰下げ受給をして70歳で受け取った場合 200万円の42%の増額＝284万円	繰下げ受給をして75歳で受け取った場合 200万円の84%増額＝368万円
152万円 × 35年間	200万円 × 30年間	284万円 × 25年間	368万円 × 20年間
5320万円	**6000万円**	**7100万円**	**7360万円**

60歳までの繰上げ受給と
70歳までの繰下げ受給の
差額は1780万円！

60歳までの繰上げ受給と
75歳までの繰下げ受給の
差額は2040万円！

受給、70歳・75歳までの繰下げ受給の総額を比べてみます。

前ページの図でわかるように60歳の繰上げ受給と70歳までの繰下げ受給では、なんと1780万円の差がつきます。75歳なら、約2000万円の差です。

ここまでの開きがあると、やはり繰下げ受給を選んだほうが得だと思いませんか。

●繰下げ受給のデメリット「加給年金」

メリットが多い繰下げ受給ですが、一方でデメリットもあります。

繰下げ受給をしていると、「加給年金」を受け取ることができません。

加給年金とは、厚生年金の被保険者が65歳になったとき、年下の配偶者や子どもを扶養していれば、厚生年金に追加する形で支給される年金のことです。

たとえば、夫65歳、妻60歳だとしたら、加給年金として年額40万8100円が夫の厚生年金に追加されます（2024年度）。支給される期間は、妻が65歳になるまでです。この場合は5年間ですから、総額は約204万円です。

加給年金とは

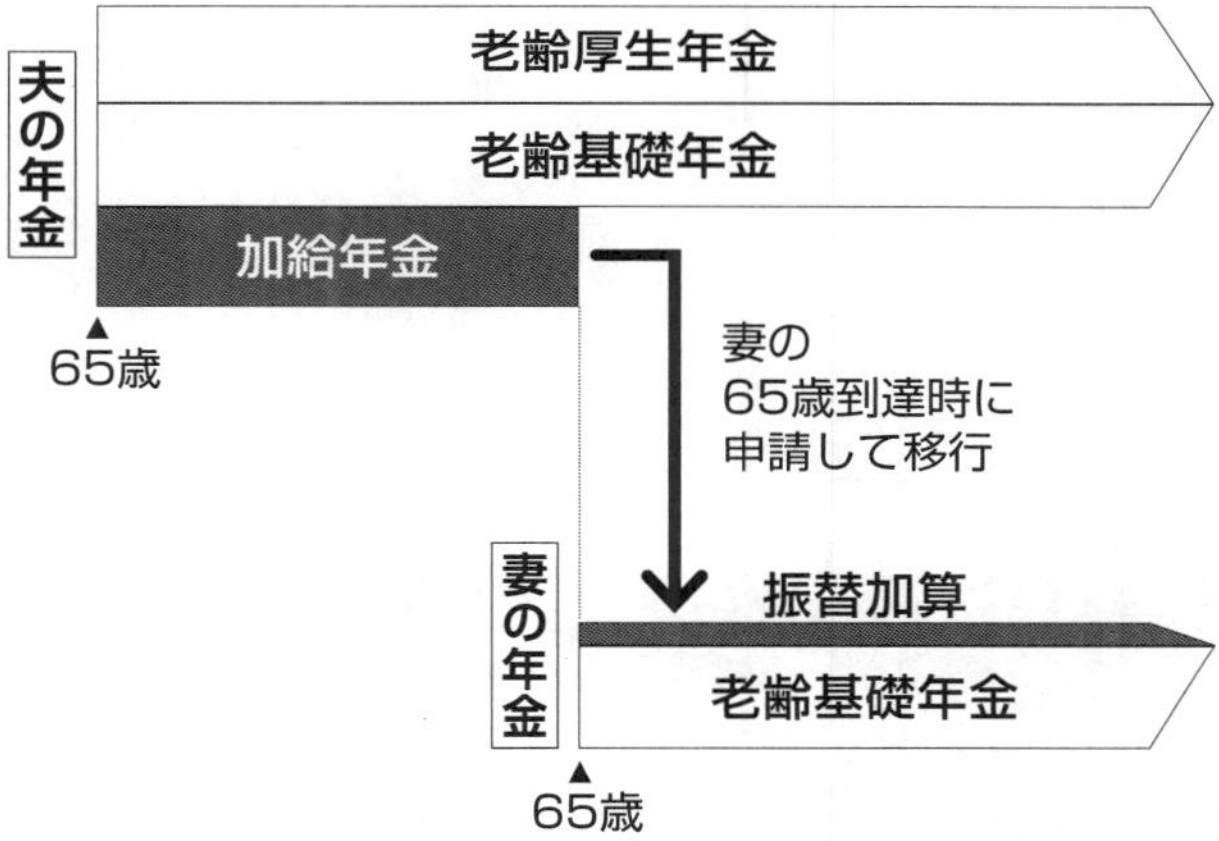

　これだけ大きな金額を受け取れないのはもったいないですよね。ところが、そこにもお得な方法があります。

　加給年金は厚生年金の制度ですので、基礎年金は関係がありません。厚生年金は65歳で受給を開始し、基礎年金だけを繰り下げるのです。基礎年金は金額が少ないですが、それでも増額になります。

　また、加給年金を諦めて、厚生年金と基礎年金の両方を繰り下げる手もありです。年齢差が小さい場合は総受給額も少ないので、結果的に繰下げ受給で増額したほうが得になることもあるからです。

　たとえば、年齢差が5歳の場合。通常の繰

下げ受給の損益分岐点は、11年11ヵ月です。しかし、加給年金を受け取らなかったときと受け取ったときの損益分岐点は約15年になるのです。86歳くらいまで生きていたら、繰下げ受給のほうが得になります。

86歳となると60歳の平均余命を超えているので、なんとも微妙な年齢です。判断に迷うところですが、年齢差が1〜3歳ならば両方の繰下げ受給も検討してはいかがでしょうか。

前述した通り、加給年金は厚生年金の制度です。妻が年下なら、夫の厚生年金に追加されます。妻が65歳に達すると加給年金はなくなりますが、今度は妻の基礎年金に振替加算がつきます。加給年金と違って、月額1311円と少ないです（生年月日により金額は違います）。昭和41年4月2日以降に生まれた人には、振替加算はありません。

繰下げ受給をしている間は、振替加算を受けられません。ただ、金額が少ないので大きな影響はなく、繰下げ受給をしたほうがメリットは大きいでしょう。

●繰下げ受給のデメリット(税金・社会保険料)

加給年金以外でも、繰下げ受給をしないほうがいいと主張する人もいます。

その理由は、繰下げ受給をすると、税金や社会保険料が上がるからです。

たしかに、収入がアップするのですから、それに応じて税金も社会保険料もアップします。

繰下げ受給は年に8・4％増額されると説明しましたが、この数字は額面の金額です。収入に応じて税金や社会保険料も増えるので、手取りはそこまで増えません。手取り金額での損益分岐点も11年11ヵ月ではなく、13〜14年になるでしょう。

どのくらい手取りが減るかは、家庭の状況や住んでいる場所により異なります。

参考までに東京都世田谷区の例でシミュレーションしてみます。

65歳の年金額は、夫が200万円、妻が100万円とします。

65歳から受け取る場合と、70歳まで繰り下げた場合、手取りはどのくらい違うか比べてみましょう。

・65歳で受け取った場合
夫の年金200万円は、手取りにすると184万円。妻は100万円が91万円。夫婦合計の年金300万円は、手取りだと275万円です。

・70歳まで繰り下げた場合
夫の年金284万円は、手取りで248万円。妻は142万円が130万円。夫婦合計の年金426万円は、手取りだと378万円です。

繰り下げると48万円も引かれ、たしかに税金や社会保険料が大きく増えました。ですが、ここに注目してください。夫の税金・社会保険料がグッと増えたのに比べ、妻は大きく引かれていません。

繰下げ受給をしたときの手取り額の例

◉年金額が夫：200万円、妻：100万円とした場合 65歳で受給したときの手取り金額

夫　65歳	
年金額	200万円
所得税	0円
住民税	0円
社会保険料	16万円
手取り金額	**184万円**

妻　65歳	
年金額	100万円
所得税	0円
住民税	0円
社会保険料	9万円
手取り金額	**91万円**

合計年金300万円の手取り額は275万円に

◉年金額が夫：200万円、妻：100万円とした場合 70歳まで繰下げ受給したときの手取り金額

夫　70歳	
年金額	284万円
所得税	3万円
住民税	7万円
社会保険料	26万円
手取り金額	**248万円**

妻　70歳	
年金額	142万円
所得税	0円
住民税	0円
社会保険料	12万円
手取り金額	**130万円**

合計年金426 万円の手取り額は378 万円に

増えた分よりも多く取られることはない!

もともと年金受給額があまり多くない人は、繰下げ受給によって増額されても、税金・社会保険料にはそれほど影響が出ないのです。年金の受給額が多いほど影響は大きくなります。

繰下げ受給をすると所得が上がり、税金・社会保険料も上がります。しかし、繰り下げで増えた金額以上に手取りが減ることは基本的にありません。

繰下げ受給の目的は、老後の生活を安定させるために、年金を増額することです。受給が増えれば、それだけ生活が楽になりますし、老後資金を取り崩さずにすみます。

考えてみてください。給料が上がれば、税金や社会保険料も上がります。でも、「税金や社会保険料が上がるのはイヤだから、昇給しないでください！」なんて願いませんよね。「税金や社会保険料が上がるので、繰下げ受給は損」という考え方は、一面的だと思います。

●繰下げ受給のデメリット（早死に）

早死にすると、繰下げ受給は損になります。

たしかにその通りかもしれませんが、そもそも損なのでしょうか。ずっと保険料を払い、増額しようと我慢していたのに、早死にしたせいで受け取れないのは残念です。遺族は遺族年金を受け取れるけれど、自分はゼロ？ でも、亡くなった人にお金の使い道はありません。

「年金」の役割は、長生きしたときに困らないための保険です。早死にならなら、少なくとも本人はお金には困らないでしょう。長生きしたときこそ、経済的な備えが必要となります。

そもそも保険ですので、本来「損」「得」という考え方は当てはまりません。本書でも損・得の言葉を連発していますが、そこはわかりやすくするためと、ご理解ください。

たとえば、60歳までの民間の定期保険に加入していたとします。死亡保険金は3000万円です。

この場合、「60歳までに死ななかったから損をした」とは思わないでしょう。

60歳より前に亡くなると、子どもが小さいので教育費もかなりかかります。とにかく残された家族が困るため、保険に入るわけです。でも、60歳で死亡しなかったら、何か問題がありますか。

年金の役割も同じです。民間の定期保険とは逆に、長く生きたときに備えるものと考えるべきです。

生きていくには、生活費がかかります。月額18万円なら、年に216万円です。10年生きれば、2160万円が必要です。

年金は、長生きしたときの経済的リスクに備える保険だと考えましょう。

●年金は何歳まで繰り下げるといい？

繰下げ受給をすると、年金収入が増えます。それが一生涯続くので、収入バランスはグッと改善します。

75歳まで繰り下げると84%の増額になります。つまり、倍近い金額になるわけです。た

70～75歳に繰り下げたときの総受給額

65歳での受給年額200万円だった場合の
70歳と75歳までの繰下げ受給を比べてみました。
90歳から100歳までの総受給額です。

繰下げ受給	70歳	75歳
受給年額	284万円	368万円
90歳	5,680万円	5,520万円
91歳	5,964万円	5,888万円
92歳	6,248万円	6,256万円
93歳	6,532万円	6,624万円
94歳	6,816万円	6,992万円
95歳	7,100万円	7,360万円
96歳	7,384万円	8,096万円
97歳	7,668万円	8,464万円
98歳	7,952万円	8,832万円
99歳	8,236万円	9,200万円
100歳	8,520万円	9,568万円

だ、受給年齢を遅くすればするほど、年金を受け取る期間が短くなります。繰下げ期間が長くなると、その間の生活費の問題も出てきます。

では、どこまで繰り下げるのがいいのでしょうか。

ムリのない範囲でできるだけ繰り下げたいところです。なぜなら、年金は「長生きしたときの保険」だからです。とはいっても、70歳くらいまで繰り下げるのが、もっとも効率的でしょう。

上の表は、65歳での年金受給額が年額200万円の人が70歳まで繰り下げたときと、75歳まで繰り下げたときの比較表です。

90歳から100歳までの総受給額を比べると、90歳まで生きた場合には、70歳まで繰り下げたほうが受取総額は160万円多いです。92歳以上になると75歳繰り下げのほうが多くなります。100歳まで生きると、その差は約1000万円になります。

でも、90歳から95歳の間では、70歳と75歳に繰り下げしたときの差はそれほど多くありません。

人の寿命はわかりませんが、これらを総合的に判断すると、男性は70歳まで繰り下げるのが妥当だと思います。女性の場合には、男性よりも長生きなので72歳くらいまでの繰り下げでもいいかなと思います。

ちなみに、私は現在66歳で繰下げ受給を選択しています。70歳から受給を開始する予定でいます。

●長く働いて「減らない財布」を手に入れる

年金を繰り下げている間、生活費をどうするかは2つの方法があります。

65歳以上の労働力

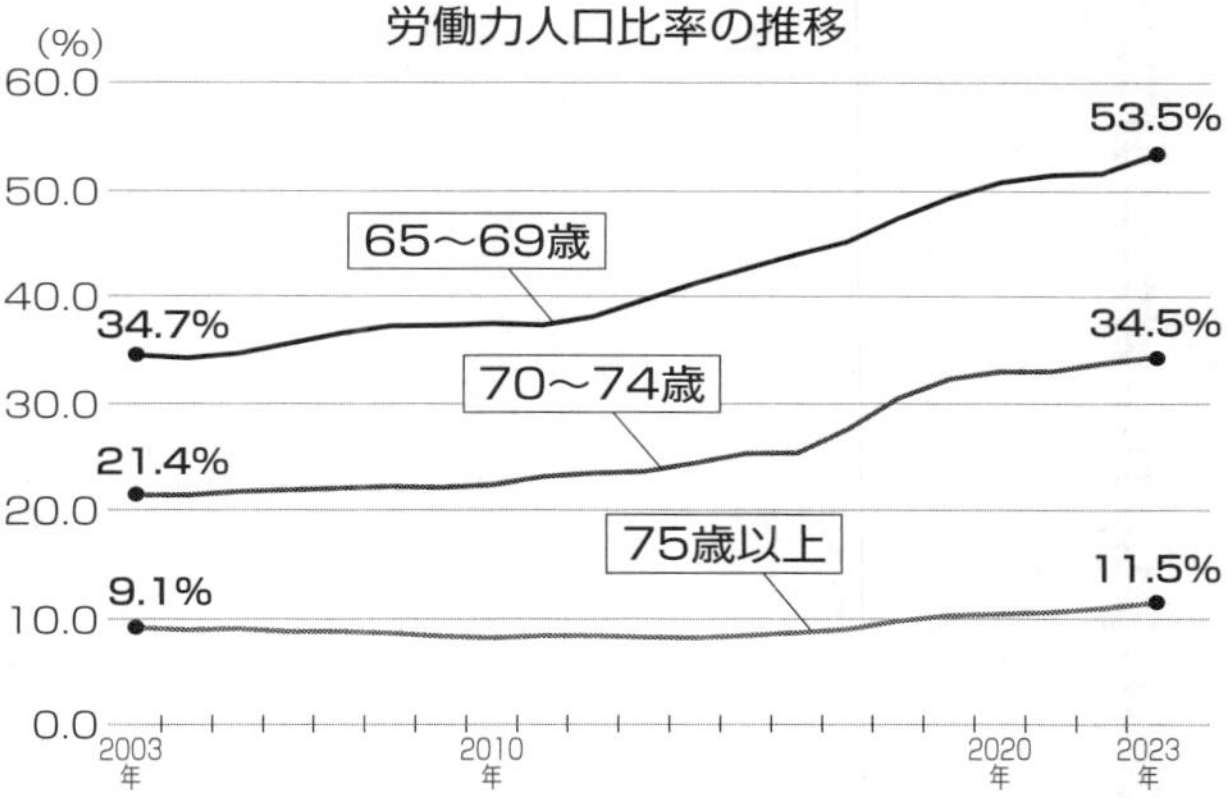

出典:総務省「労働力調査」

ひとつはすでに述べたように、老後資金を取り崩す方法です。

そして、もうひとつの方法は「長く働く」ことです。

会社員は、60歳定年が一般的でしょう。しかし、定年になったからといって仕事を辞めるのではなく、その後は再雇用や再就職で働くことが多いと思います。

総務省「労働力調査」によると、65歳以上の就業率は、この10年でグッと増えているのがわかります。

65歳から69歳まで就業者は、２００３年には約35％だったのが、約54％になっています。70歳までは、約半数以上の人が働いているということです。前ページの表にはありませんが、男性の場合には約60％の人は就労しています。70歳から74歳でも、２００３年には約21％だったのが、約35％になっています。3人に1人は何らかの仕事をしているということです。

75歳以上の人も約12％の人が働いています。いまや長く働くことが当たり前になってきました。

平均寿命が延びた分、現役でいる期間も延びているのです。

70歳近くまでは給与などの収入があります。となると、老後資金（退職金など）の取り崩し額が少なくても生活ができます。老後資金の備えが少なくても、その分を給与で補うことができます。

繰下げ受給をしながら70歳までは働いた収入で家計を助け、その後は増額された年金を受け取る。こうやって収支のバランスを合わせていけば、豊かな老後が送れます。

●70歳まで働くと厚生年金が増える

70歳まで会社員として働くと、繰下げ受給とは別に厚生年金が増額されるメリットもあります。

厚生年金は、70歳まで加入できます。厚生年金の保険料を払うことになりますが、その分、年金の受給額は増えます。増えた金額が、一生涯続きます。

どのくらいの増額があるのでしょう。年収180万円で1年間働くと、年金は約1万円増えます。これは年額ですので、月額に直すと約800円です。たかが800円と思ってしまうかもしれません。

しかし、180万円で65歳から70歳までの5年間働いたとします。すると、受給額は、年間5万円のアップです。70歳から100歳まで30年間受け取ると、150万円のアップになります。年5万円はそれほど大きな増額には思えないかもしれませんが、国内旅行1回分くらいにはなるのではないでしょうか。

ちなみに、年収360万円で働いたら、年金は年に約2万円増えます。5年間働いたとすると10万円増えることになります。

●60代は年金生活の助走期間

定年を迎えたら、それで仕事が終わってしまうわけではありません。ほとんどの人が、定年後も仕事を続けています。なかでも同じ会社で再雇用として働く人は多いと思います。

そこで気になるのが給与です。約9割が、現役時代と比べて給与が下がっています。50%より下がった人は27・6%、50%程度下がった人は22・5%です。平均では44・3%下がるというデータがあります（シニア従業員とその同僚の就労意識に関する定量調査／パーソル総合研究所　2021年）。

具体的に定年後の年収はどのくらいなのでしょう。

厚生労働省の「賃金統計基本調査（令和5年）」によると、60～64歳までの平均賃金は、305・9万円、月額は約25・5万円（男性：334・2万円、女性：245・6万円）です。

65～69歳までは、269・8万円、月額は22・5万円（男性：293・3万円、女性：

定年後再雇用者の年収の変化

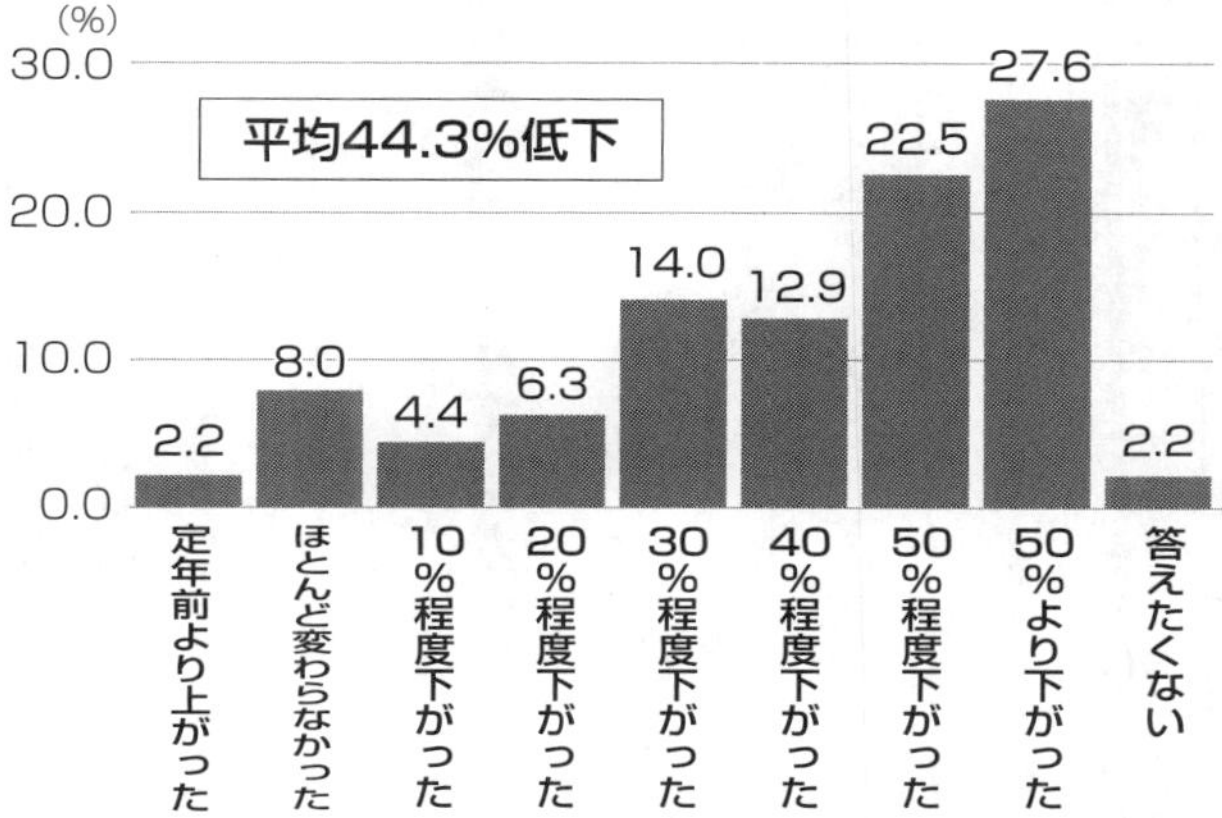

出典:パーソナル総合研究所「シニア従業員とその同僚の就労意識に関する定量調査(2021年)」

217・1万円）です。

定年後の給与がおよそ半分では、さすがに厳しいと思ってしまう人もいるかもしれません。

ただ、50代の頃は、子どもの教育費や住宅ローンの返済などが非常に大きな負担になっていたと思います。しかし、子どもが独立し、住宅ローンも完済したとすれば、60代前半の年収が約300万円でも、なんとか生活を維持できるのではないでしょうか。

子どもの教育費や生活費の負担が減った分、余裕が出る家計もあるかもしれません。

定年後の60代は、年金だけの暮らしに入る前の助走期間だと思ってください。

この間に、家計の状況を見直すことが肝心です。年金だけの生活に備えて、家計のダウンサイジングに取り組む時期なのです。家計の見直しは、すぐにできるものではありません。どこにムダがあるか、どうすればよいのか検討するには時間がかかりますし、さまざまな手続きも必要になってきます（第4章を参照）。

●定年はゴールではない

定年後も収入があるほうが、家計にとってはプラスです。しかし、いつまで働き続けるかは悩みどころです。

60代、つまり定年を迎えた人は、いつまで働きたいと思っているのでしょうか。内閣府「高齢者の経済生活に関する調査（令和元年）」によると、65歳までが25・6％、70歳までが21・7％、75歳までが11・9％、働けるうちはいつまでもが20・5％となっています。

半数程度は、70歳くらいまでは働きたいと考えているようです。

では、実際は何歳まで働いているのかというと、119ページでも示したように、半数以上の人は70歳まで働き、約1割の人は75歳以上でも働いています。

なぜ、定年後も働くのでしょう。朝日新聞の「定年後の働き方に関する意識と実態調査結果」によると、「社会とのつながりを持ち続けたい」が60・4％、「自分と家族の今の生活資金のため」が57・6％となっています（複数回答）。

定年後に働く理由は、もちろん収入の面が大きく関係しています。しかし、それよりも働き続けることが生きがいにつながっているのではないでしょうか。

じつは、60代以降の人が、仕事をすることで幸福度が増すというデータがあります。パーソル総合研究所は「働く1万人の就業・成長定点調査２０２３年」で、働くことをどのようにとらえているかの調査を行っています。

60代で働くことで幸せを感じているという人は、どの年代よりも多い46・6％です。約半数近い人が、働く幸せを感じているという結果です。一方、働くことで、不幸せを感じる人は、もっとも少なく10・9％です。

定年後も働く理由（複数回答）

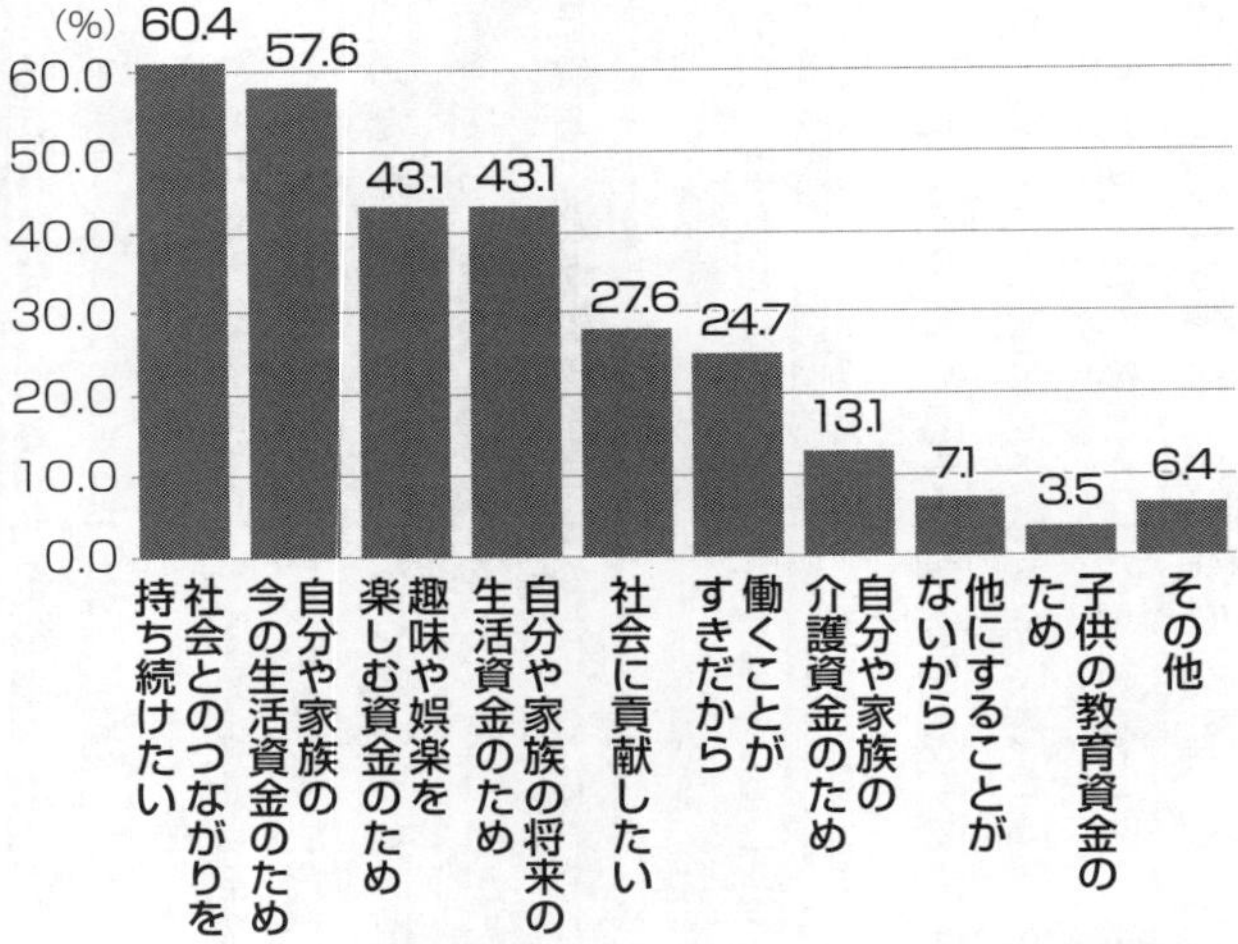

出典:朝日新聞社「定年後の働き方に関する意識と実態調査結果」

シニア就業者の「はたらく幸せ／不幸せ実感」

はたらく幸せ実感

私は、はたらくことを通じて
幸せを感じている

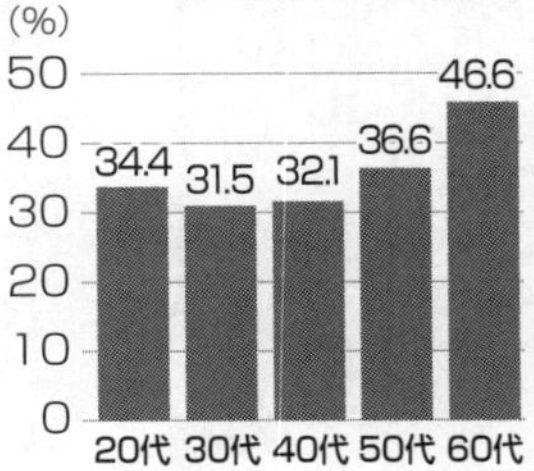

はたらく不幸せ実感

私は、はたらくことを通じて
不幸せを感じている

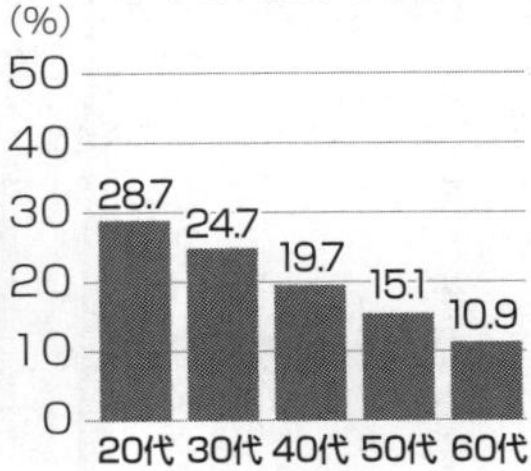

出典:パーソナル総合研究所「働く1万人の就業・成長定点調査2023年」

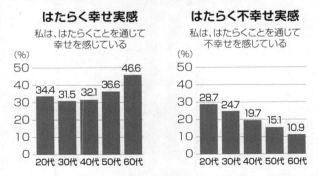

それに比べて、現役世代である30代は31・5％、40代は32・1％と、働くことで幸せを感じている人は、3人に1人です。しかも働くことで不幸せを感じる人は、20代は28・7％、30代は24・7％と若い世代ほど多くなります。

現役世代よりも、定年した後のほうが、働くことの幸福を感じるという結果です。これはリクルートワークス研究所など他の調査でも同じような結果が出ています。

●さまざまなしがらみから解放される

定年前の人の話を聞いたり、アンケートなどを見たりすると、お金の不安、仕事の不安が先行している印象を受けます。どうも定年後を暗いイメージでとらえている人が多いようですが、先の調査結果を見ても、実際はけっこう幸福に生きられていることがわかります。

どうして、60代は仕事の満足度、生活の満足度が増すのでしょうか。

老後生活におけるお金の不安を解消し、できるだけ豊かで楽しい暮らしを送ることが本書の狙いです。この仕事の満足度、生活の満足度は、大切なファクターになります。

・自分のために働く

現役時代の働く目的は、「家族のため」「子どもたちのため」、あるいは「会社のため」などが多いのではないでしょうか。

「家族のため」に少しでも収入を増やそうと、残業を引き受けたり、イヤな仕事でも黙々と働いていたのではありませんか。会社のため、営業成績を上げるためと、連日接待に付き合うこともあったと想像します。

しかし、子どもたちが独立したあとは、もう教育費はかかりません。子どもたちを育てるという大きな責任からも解放されます。

そして、定年後の再雇用では、正社員でないことがほとんどです。もう「会社のため」を意識することも少なくなります。

定年後に働く目的は、「自分のため」に変わります。働くことに対するパラダイムシフトが起こるのです。

・競争から一歩抜け出す

現役時代は、ずっと競争を強いられてきました。

同業他社との競争があります。社内では、同期や部署内での出世競争、営業成績での競争があります。競争は悪いことではありません。努力して自らを磨き、能力を高めることができます。そして、競争に勝ったときは、何ものにも代えがたい達成感・充足感を得られます。

しかし、競争は苦しいものですし、たいへんなストレスもかかります。とくに、会社員としての競争は、人間関係で神経をすり減らすことが多いものです。会社員、公務員ならば、誰しも経験があると思います。

長時間労働に耐え、イヤな上司とも付き合わなくてはいけません。イヤな仕事を押しつけられても、グッと我慢する。思い通りに動かない部下を叱咤激励しながら、業務を遂行する。いろいろなことがあったと思います。

理不尽な競争の現場にずっと身を置くことは、精神衛生面ではけっしてよいとは言えません。

定年後は、そんな競争からは外れます。再雇用ですから、出世を意識する必要はありません。責任もかなり軽くなるのではないかと思います。人間関係も楽になります。

極端な話、イヤな仕事は断ることもできますし、イヤな仕事相手とは一緒に働かなくてもいいのです。

さまざまなしがらみから解放されるため、自分の生きがいを優先することもできます。

「自分のため」に働くことを、自分で選べるのです。

・お金のためだけに働かなくてもよくなる

多くの読者は現役時代、自分が稼いだ給与が家族の生活を支えていたのではないでしょうか。

まずは家族の生活費が優先ですから、なかなかワガママは言えません。

しかし、子どもたちが独立したら、自分たちが生活できる収入さえあれば何とかなります。しかも、65歳からは年金も受け取れます。

年金の収入があることはとても大きいと言えます。

年金の収入で生活費のベースが確保できるからです。働くことによって生活費の全額を賄わなくても生活していけます。

現役時代のようにバリバリ働く必要はありません。自分の生活は趣味を優先させながら、余裕を持った働き方が可能です。

たとえば、ボランティア活動がしたいから、週に4日間だけ働くといったこともできます。多様な働き方を選択できるようになるのです。

このように、「自分のため」の働き方を選べ、「競争」がないためにストレスが減り、「稼ぐ」という重圧からも解放されます。これらの要因で、仕事に対する満足度が上がり、生活の満足度も上昇するのではないかと思います。

老後の仕事は、けっこう楽しいのです。

前年の就業行動別にみた健康改善率の推移

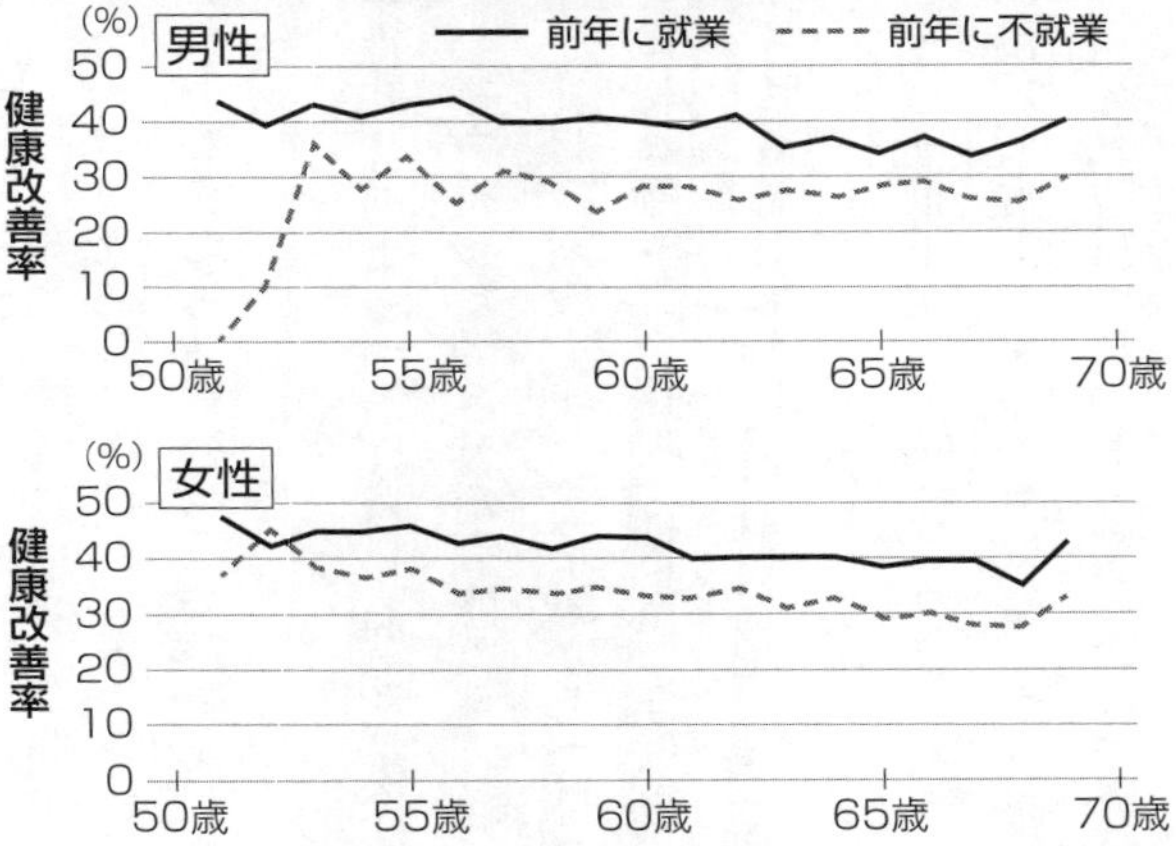

出典:厚生労働省「中高年者縦断調査(2018 年)」

●長く働くと健康にもよい影響が

定年後の仕事は幸福度を上げるほかにもメリットがあります。

それは、仕事を続けることで、健康も維持できることです。

厚生労働省「中高年者縦断調査（2018年）」は、就業行動別の健康改善率を表したグラフです。

ここでは、前年に働いていた人と働いていない人の、健康が改善している割合を比べています。男女ともに、働いている人のほうが健康的な生活を送っていることがわかります。

働くことで、規則正しい生活を送れることが、要因のひとつではないかと思います。

働くことが健康によい影響を与え、老化予防につながるというデータもあります。

ストレスの少ない働き方ができるため、より健康になれるのでしょう。

●フリーランスという働き方

フリーランスは、個人事業主として、企業と「業務委託」の契約を結んで働くことです。さまざまな業種での働き方が可能です。

いままで働いてきた会社との業務委託もありますし、積み重ねてきたキャリアの中で培った人脈を使って働く方法もあります。

専門スキルを活かせますし、自分に合った働き方ができるという面では、定年後の働き方としてお勧めです。

独立・開業も可能でしょう。これも自分のスキルを活かすことができます。ネットを使っての開業ならば、それほど資本も必要ないのでいいと思います。

店舗・事務所を開くとなると、それなりのお金が必要ですし、リスクもあります。この場合は、慎重に準備をしてください。


専門性を活かす方法には、「顧問」という仕事もあります。顧問紹介サービスを通して紹介してもらうこともできます。たとえば、PRや広報の経験者であれば、マーケティングに関するアドバイスであったり、企業のコンプライアンスに関する業務に就いていた人ならば、コンプライアンス推進のアドバイスなど、さまざまな依頼があります。

複数の会社の顧問アドバイザーを兼務している人もいます。私もベンチャー企業のアプリ開発のロジックについてのアドバイスや、定年退職者向けの研修プログラムについてのアドバイザーの仕事を頼まれたこともあります。

また、企業が知識や経験のある人材が欲しいときに、条件に合う人材をマッチングさせる「顧問紹介サービス」を行う会社もあります。ネットを検索するといくつか出てくるので、それらに登録をするのもいいでしょう。長期の契約もあれば、数時間だけスポットのアドバイスをするといった依頼もあります。

自分のスキルが役に立ち、しかもお金になるので、楽しい仕事になるかもしれません。

●任意加入で基礎年金を満額にする

再雇用や再就職は厚生年金に加入することになるので、70歳までは働くほど年金が増えます。

しかし、フリーランスや自営業者は厚生年金に加入していません。それでも、年金を増やす方法はあります。

フリーランス、自営業者は、国民年金のみの加入者です。国民年金は60歳までしか加入できません。ですが、国民年金の加入期間が40年に満たない場合は、65歳まで任意加入が可能です。

大学生のときは国民年金の免除期間で保険料を納付していなかったり、失業している時期があったりして、60歳の時点では40年を満たしていない人は多いと思います。

40年に足りない分を、65歳までの間に納付することで、基礎年金を満額にできます。私も60歳時点での納付期間は35年でした。そこで65歳まで任意加入をし、基礎年金を満額にしました。

たとえば、60歳から65歳まで任意加入すると、どのくらいの負担で満額になるかを計算してみます（２０２４年の保険料、年金額で計算）。

任意加入による5年間の保険料の総額：１０１万８８００円
65歳から75歳までの総受取額：１０２万円

つまり、10年で元が取れます。10年以上生きれば、ドンドン得をするわけです。

国民年金の保険料は半分が国の負担（税金）です。とてもお得な上、我々が納めた税金が原資になっているのですから、任意加入をしない手はないでしょう。

国民年金の任意加入をすると、さらにお得になる付加年金を申し込むことができます。

付加年金とは、国民年金に上乗せする年金です。保険料は月額４００円。国民年金の保険料に４００円をプラスするだけです。

受け取るときの年金額は、２００円×付加保険料の納付月数になります。受給開始されてから2年を超えれば、払った金額の元が取れるという、かなりお得な制度です。

さらに、付加年金も基礎年金と合わせた形で繰下げ受給が可能です。

●国民年金基金を利用して、年金を2階建てにする

付加年金はとてもお得ですが、弱点もあります。保険料が手頃な代わりに、増える金額も少ないことです。老後資金ですから、それなりの金額を準備したいところです。そういうときは、フリーランスや自営業者なら国民年金基金がいいでしょう。

会社員や公務員などの第2号被保険者は、年金の2階建て部分の厚生年金があります。国民年金基金は、第1号被保険者の2階建て部分のようなものです。

加入できるのは、20歳から60歳までの第1号被保険者です。60歳から65歳までの人は、

国民年金の任意加入が条件になります。

掛金は全額が社会保険料控除になるので、税金の優遇を受けられます。また、受け取るときも公的年金等控除の対象になります。

国民年金基金は一生涯受け取れる「終身年金」が基本ですから、長生きに対応している年金です。毎月一定額の収入を確保できるため、「収支のバランス」という面においても、とても適した制度です。

加入方法は自由プランになっていて、年金額や受取期間を選べます。申し込みは口数単位です。

たとえば、50歳の男性が終身年金のB型を2口で加入すると、毎月の掛金は3万3800円（年額40万5600円）です。加入期間は60歳までの10年間。受け取りは65歳から年額24万円（月額2万円）です。この年額24万円が一生涯受け取れるのです。

掛金の上限は月額6万8000円ですが、iDeCoも加入している場合には、両方合わせての限度額になります。

メリットの多い制度ですので、自営業者やフリーランスの方は活用してはどうでしょう

国民年金基金の7つのタイプ

終身年金 2種類　確定年金 5種類

計7種類

1口目は終身年金A型・B型のどちらかを選び、
2口目以降は全7種類の中から自分で自由に選べます
(50歳以上はA型・B型・Ⅰ型・Ⅱ型・Ⅲ型の5種類、
60歳以上はA型・B型・Ⅰ型の3種類)

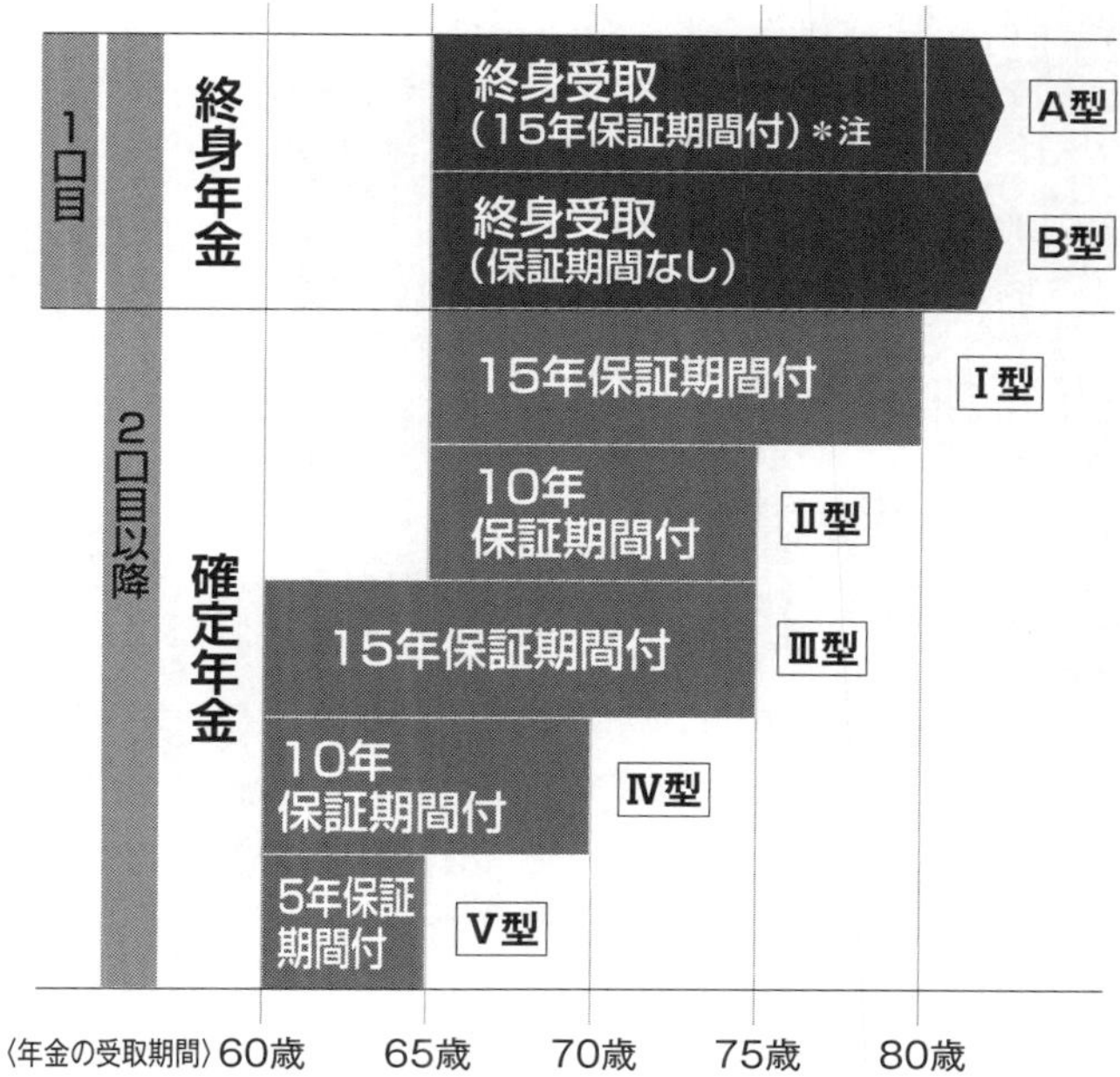

＊注:保証期間付は、保証期間に亡くなった場合、遺族の方に一時金が支払われます。

か。

なお、国民年金基金には付加年金も含まれているため、付加年金との併用はできません。

●iDeCoを利用して老後資金を増やす

iDeCoは60歳までしか利用できませんでしたが、2022年5月から65歳まで延長できるようになりました。会社員や公務員は厚生年金に加入しているので、そのまま利用できます。

フリーランスなどの第1号被保険者は、60~65歳で利用するなら国民年金の任意加入が条件です（加入期間がすでに40年間に達している場合には、任意加入ができないので利用できません）。

iDeCoの大きなメリットは税制優遇があることです。掛金の全額が所得控除の対象になります。運用中の利益はすべて非課税、積み立てた資金を受け取るときも退職所得控除、公的年金等控除の対象になります。

フリーランスや自営業者は、会社員より多くの掛金を拠出できるメリットもあるので、ぜひ利用を検討してください。

そのほかにも、フリーランスや自営業者には「小規模企業共済」があります。

フリーランスや自営業者には、退職金がありません。「小規模企業共済」は、その退職金の積立制度としての役割を持っています。

小規模企業共済も税制優遇が大きく、受け取るときには、一時金なら退職所得控除が、年金形式なら公的年金等控除が使えます。

さらに、さまざまな貸付制度があります。資金繰りに困ったときなどは、助かる制度です。新型コロナの際も、貸付限度額の範囲内で利息はゼロという特別措置が取られました。

掛金の上限は、７万円です。１０００円から７万円の間であれば、５００円単位で自由に選択できます。途中で減額、増額も可能です。

また、国民年金基金と併用ができます。

国民年金基金＋ｉＤｅＣｏの積立上限が月額６万８０００円ですので、小規模企業共済と限度額いっぱいまで併用したとすると、月額13万8000円、年間で最大165万6000円まで積み立てられます。

掛金は全額が控除の対象です。課税所得が20％なら、最大で所得税33万1200円、住民税16万5600円と、年間で49万6800円が控除になり納める税金が減ります。これはかなり大きな節税につながります。

第4章

「穴の空いた財布」にならないために

●家計のダウンサイジングで「財布の穴」を塞ぐ

繰下げ受給をすることで、年金の収入がアップします。

長く働くことで、繰り下げている期間の生活費を賄うことが可能になります。

これで「減らない財布」を手に入れることができた！ というわけではありません。もうひとつ重要なことがあります。いくら「減らない財布」を持とうとしても、その財布に穴が空いていたら、意味がありません。

もし、「穴の空いた財布」ならば、その穴を見つけて、閉じる必要があるのです。

年金額が増額になって、収支のバランスが取れればいいのですが、それでも支出が多いなら、家計を見直す必要があります。いくら繰下げ受給で年金を増額するといっても、限界があります。支出が上回っているならば、手を打たなければなりません。

家計のダウンサイジングです。

そう言うと、「ええ～、節約……」と、渋い顔をする人もいます。

じつは、現役時代に収入が多い人ほど、老後破綻の危険が高いのです。現役時代に収入が多いと、支出も多くなりがちです。定年後に年金だけの生活になってもその習慣が抜けず、毎月の赤字が膨らんでしまうのです。たとえば、毎月20万円の赤字だと、20年で４８００万円になります。老後資金が５０００万円あったとしても、足りないでしょう。

支出を減らすことは、なかなか難しいものです。月に2～3回行っていたママ友とのホテルランチの回数を減らすといった節約も必要です。

もっともよくある節約は食費を削ることですが、削減できる金額には限界がありますし、食費を削ると豊かさが失われ、健康にもマイナスです。

たとえば、食費を切り詰めて2万円が浮いた。たまには美味しいものを食べようと、夫婦でいつもより５０００円高いものを食べたら、節約の効果は半減です。いつもムリをしているような節約は長続きしませんし、ダイエットと同じでリバウンドがあります。

「節約」という言葉にはネガティブなイメージがつきまといます。つましい生活、我慢の生活……これでは始める前からイヤになってしまいます。

ここはムダを省くと考えましょう。家計の「ムダ」をなくし、「効率化」を図るのです。まずは、固定費を見直します。固定費を削減することで、ムリなく効率的に支出を減らせます。大きな支出を重点的に考えれば、効果も大きくなります。

固定費でもっとも大きなものは「住宅費」です。

住宅費の削減は簡単ではないのですが、状況によっては効果的な手段があります。住み替えです。

都心から少し離れているけれど、広い家に住んでいる場合、子どもが独立して部屋が空いてしまい、それほどの広さは必要ない。そんな場合は、都心に近くて便利で、少し狭い家に住み替える方法もあるでしょう。地方へ移住する方法も考えられます。都心に比べれば、住宅価格はかなり安いです。大きな節約になると思います。

ただ、住み替えにはさまざまな問題もあり、一概にお勧めはできないこともあります。

まずは、住み替えが現実的かどうか、検討してみてください。

●生命保険のダウンサイジング

次に大きな支出は「保険」です。

生命保険は20年、30年と長期にわたって保険料を支払うため、総額で見ると住宅の次に大きな買い物です。この先も保険料を払うと考えれば、節約効果は大です。

たとえば、生命保険の保険料が月額3万円だったとします。見直しによって8000円になれば、1ヵ月で2万2000円の節約ができるのです。年間なら26万4000円です。この効果はずっと続きます。

それに、大きな保障が必要なくなる時期でもあります。

生命保険は定期的に見直すと、ムダのない保障を得ることにつながります。見直す時期は、大きなライフイベントを目安にするといいでしょう。定年という節目は、ちょうどいいタイミングだと思います。

定年を迎える頃は、子どもたちが独立している人も多いでしょう。

子どもが独立したなら、大きな保障は必要ありません。２０００万円や３０００万円といった定期保険を解約すると、保険料が節約できます。また、働けなくなると生活が困るリスクも小さくなります。給与が少なくなる分、リスクも減っているのです。

日本は、公的医療保険がとても充実しているので、医療保険はもともと優先度が低い保険です。ある程度の貯蓄があれば医療保険は必要ありません。入院や手術になった場合でも高額療養費制度があるので、30万～40万円くらいの備えがあればだいたい対応できます。

定年後、保険で備える必要があるとすれば、扶養する家族がいなければ、がん保険と介護保険くらいでしょう。それ以外の必要性は低くなってきます。がん保険は、ずっと保障が必要と言うわけではないので、やめ時も考えましょう（１７５ページ参照）。

また、昔入った保険も払込満了になる時期に見直しを行うとよいでしょう。

かなり以前の日本の保険会社では、定期保険特約付終身保険が主力商品でした。多くは60～65歳あたりに払込満了になります。

そのタイミングで、保険の営業員から「見直しをしませんか」と提案されるかもしれません。

そんなときは要注意！　営業員に言われるまま見直すことは危険です。そもそも保険が必要ない時期にきているのですから、保険は必ずしも必要ではありません。年金生活になったときのリスクは何かと考えて保険選びをしましょう。

それでももし迷うことがあるときは、年度版で出版している『NEWよい保険・悪い保険』（徳間書店）が参考になります。14年以上続いているムック版で、著者が監修をしています。

●車、携帯電話の支出を見直す

次は「車」です。

これは住んでいる場所によって、状況が変わると思います。

地方で生活している場合、車は必需品でしょう。

しかし、都心に住んでいると、ほとんど必要なくなります。車で通勤していた人は、退職すると買い物くらいしか使わないこともあります。そんなときには思い切って車を手放すことも一案です。

駐車場代や自動車保険、車検など、車は維持費だけでもそれなりにかかります。カーシェアリングなどのサービスを利用し、必要なときだけ借りる方法もあります。検討してみてはいかがでしょうか。

その他、意外と大きな固定費が、「携帯電話」です。家族二人の携帯料金は、月に1万~2万円くらいかかるのではないでしょうか。いまは、携帯料金の安いプランが登場しています。また、大手キャリア以外に格安ＳＩＭの会社もあります。一度、安いプランを確認してみましょう。

大きな固定費である「住宅費」「生命保険」「車」「携帯電話」を見直すと、効果は絶大です。これらの見直しはいろいろと調べたりするので、ちょっと面倒だと思うかもしれません(実際、少し手間ですが)。でも、一度節約に成功すると、その効果はずっと続きます。食費のようにいつも気にしたりする必要がなく、あとはほったらかしでいいのです。

しかも、生活の質も下がりません。

逆にムダを省けた分、家計に余裕が生まれ、旅行に行く回数が増えるなど、生活の質がアップすることにつながるでしょう。

老後を豊かに暮らすためにも、生活の質が下がらないような見直しをしていきたいものです。

●定年後には収入の５つの崖がある

節約を始める時期ですが、60代からこのダウンサイジングの暮らしにならしていくのがいいと思います。

じつは、50代から収入は下降傾向です。とはいえ、徐々に下がっていくわけではありません。ガクッガクッと崖のように減っていきます。

この収入の崖は、だいたい５つあります。これをうまく乗り越えないと、転がり落ちてしまいます。

・第1の崖

50代の中盤から給与は下がり始めます。役職定年などで給与が落ちてしまうのです。もちろん、役職定年のない会社もあります。

・第2の崖

定年退職を迎え、再雇用になると給与はグッと減ります。約25％減や半分になることもあります。これは大きいです。

・第3の崖

再雇用が終わり、仕事を辞めると年金だけの生活になります。

・第4の崖

企業年金の支給が終わります。以前の企業年金は終身型で、ずっと受け取ることができました。いまは、ほとんどが有期年金です。だいたい10年や15年で終わると思います。

・第5の崖

配偶者の死亡。夫婦二人で生活している場合、二人の年金を合わせて生活費としているでしょう。その二人分の年金が、一人分になります。遺族厚生年金は４分の３を受け取れますが、基礎年金はその人固有の年金のため、支給が停止するので、家計の総収入が減ります。

また、共働きで二人とも厚生年金を受け取っていた場合は、さらに減額の幅は大きくなります。

いずれにしろ、家計としての年金の受給額は減ります。生活費も少なくてすむとはいえ、半分にはなりません。生活が少し苦しくなると思います。

定年後の生活において収入が増えるケースは少ないのですが、このように収入が減ってしまうことは予想されます。それでも大丈夫なように、できるだけ収入と支出のバランスが取れる準備が必要です。

●5つの崖に合わせて変える「収支のバランス」

5つの崖のうち、第5の配偶者の死亡は予測がつきませんが、1~4の崖はだいたい予測がつきます。いつなのか、どのくらいなのか、目安がわかるはずです。

そこに支出を合わせる。これがダウンサイジングです。

この50代後半から60代半ばの間は、とくに重要です。

再雇用の時代に、年金だけの生活に合わせてダウンサイジングしておくことが大切です。再雇用の時期は、老後への助走期間だと考えてください。

この生活が、老後の生き方を決定づけると言っても過言ではありません。ここで「収支のバランス」をしっかり調整しておきましょう。

もし、調整を怠ると一気に老後資金を使い果たしてしまい、不安定な状態になります。

高齢になって減った老後資金を挽回するのは、かなり難しいです。

運用で一発逆転なんて考えてはいけません。安全な「収支のバランス」を取ることをお勧めします。

●どうしても足りないときには補填もある

ここまで「収支のバランス」を取ることが大事だと、繰り返し述べてきました。「収支のバランス」が取れれば、多くの場合、年金の繰り下げだけで十分に生活できるようになります。

とはいえ、年金の繰下げ受給をしても、どうしても収支のバランスが取れないこともあります。そういうときは、老後資金からの取り崩しが必要です。

ただし、取り崩していいのは、老後資金の準備がそれなりにある人に限ります。

老後資金が少ない人、たとえば仮に５００万円では難しいでしょう。年に50万円を取り崩したら、10年しかもちません。この場合には、もう少し年金の繰下げ期間を延ばすことで、「収支のバランス」が取れるかもしれません。そして、この５００万円はもしものときのための余裕資金としてプール（貯えて）しておくのがいいと思います。

●老後資金が少ない人は？

「減らない財布」を手に入れることが重要だとお話ししました。

とはいえ、「減らない財布って、本当に手に入るの？」「老後資金がたっぷりある人でないと、無理なのではないか」「そもそも年金が少ない人は不可能なのでは？」といった不安もあるでしょう。

第1章では、老後資金が1000万円以上あるケースを想定しました。

でも、ご心配なく。老後資金が少なくても、年金受給額が少なくても大丈夫です。豊かで安心な老後生活を実現できます。

具体的なシミュレーションで説明していきましょう。

まずは「老後資金が少ない」ケースです。

〈前提条件〉

60歳で定年退職した同い年の夫婦世帯。１００歳まで生きるとシミュレーション

子どもの教育費と住宅ローンの返済負担で老後資金は３００万円（退職金を含む）

〈収入〉

◎労働収入

60～64歳は夫：３５０万円　妻：２００万円　計５５０万円

65～69歳は夫：２５０万円のみ

◎年金（65歳からの受給額）

夫：年額１８０万円　妻：年額１２０万円　計３００万円

〈支出〉

◎生活費

月額約33万円（年額４００万円）※これが生涯続くとする

では、通常通り65歳から年金を受け取った場合をシミュレーションします。

60歳から64歳までは、世帯収入が550万円あります。年間の支出は400万円なので、年に150万円の黒字です。住宅ローンの返済が終わり、子どもの教育費もなくなりましたから、すべてを貯蓄に回すことができます。

老後資金300万円が、64歳の時点で1050万円になっています。

65歳から年金の支給が始まります。夫婦合わせての支給額は300万円です。ここに夫の給与の250万円が加わり、550万円の収入です。黒字の150万円は貯蓄に回します。69歳の時点で、貯蓄額は1800万円になりました。

老後資金も2000万円に近づいたのでひと安心と、70歳からは年金暮らしに入ります。年金受給額が300万円で、支出は400万円です。赤字分の100万円を貯蓄から取り崩します。

しかし、貯蓄は1800万円ですから、18年しか持ちません。88歳で貯蓄はゼロになり、それからは年金だけの生活です。なんとか平均寿命までは老後資金が持ちますが、100

60歳夫婦　老後資金が少ない　何もしない場合

60歳の夫婦

老後資金　300万円

年収　60～64歳　350万円（夫）
60～64歳　200万円（妻）
65～69歳　250万円（夫）

年金　年額180万円（夫）　年額120万円（妻）

生活費　年額400万円

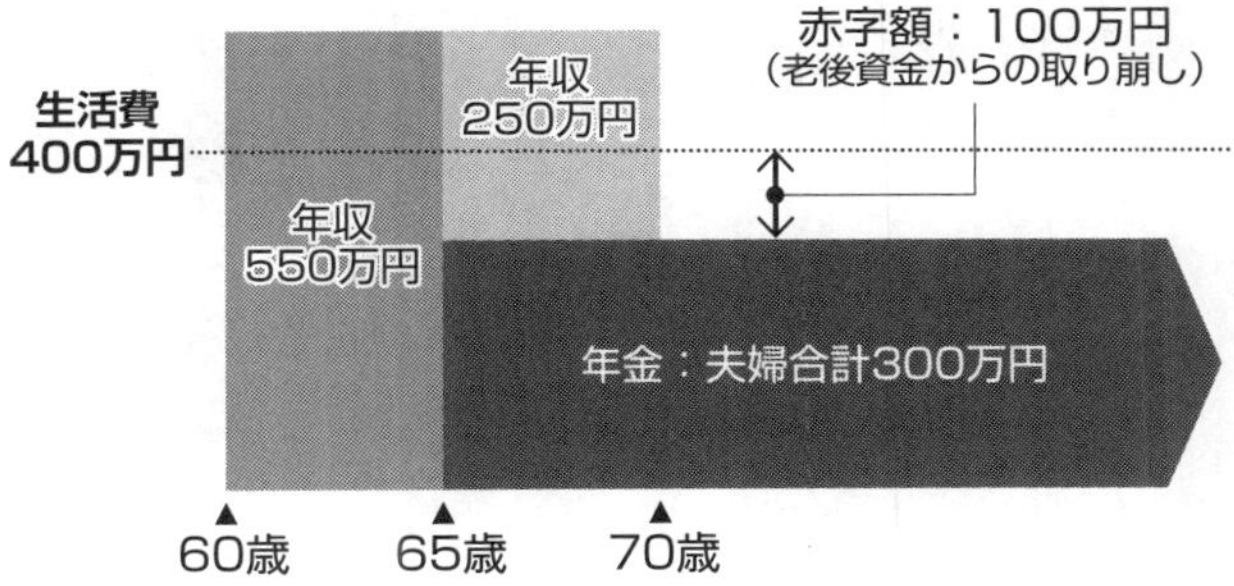

老後資金残高

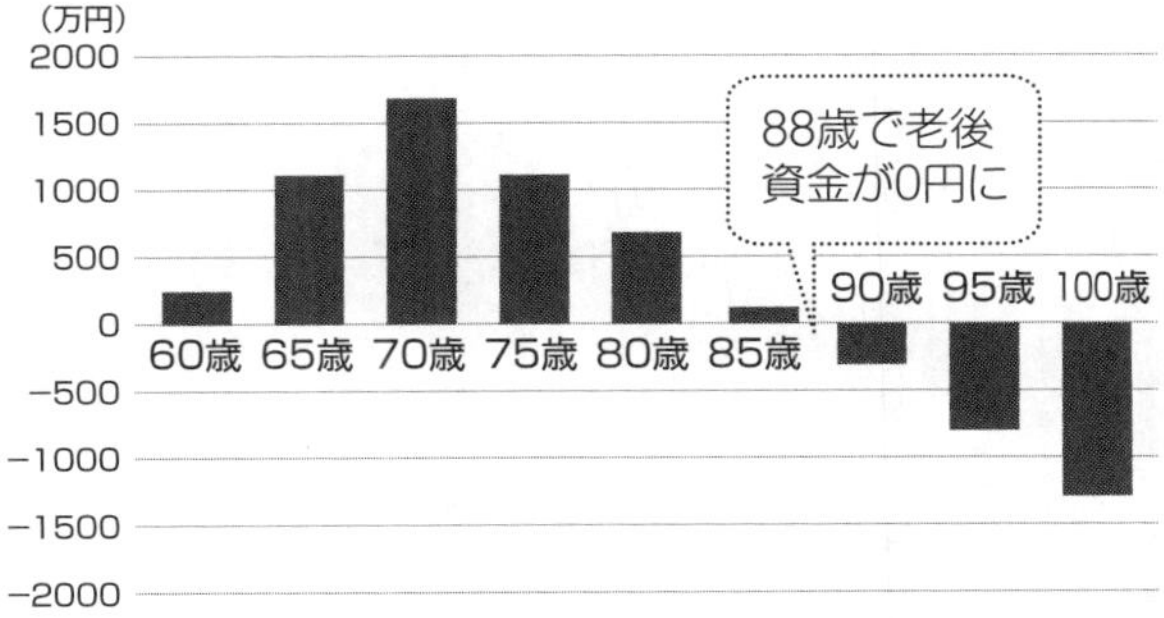

歳までの安心にはほど遠い状況です。

●70歳まで年金の繰下げ受給をすると

次に、70歳まで年金の繰下げ受給をした場合をシミュレーションします。60歳から64歳までは収入があるので、年間の黒字額は150万円です。貯蓄が増えます。

問題は65歳から69歳の間です。繰下げ受給をするため、年金はありません。収入は夫の年収250万円だけです。64歳の時点で貯蓄が1050万円ありますから、足りない分を貯蓄から取り崩していきます。年間の取り崩し額は150万円です。

70歳の時点で、貯蓄残高は300万円になっています。しかし、ここから年金の受給が始まります。70歳まで繰下げ受給をすると、42%の増額です。夫の年金は約256万円(255・6万円)、妻の年金は約170万円(170・4万円)に増えました。夫婦の合計は426万円です。

60歳夫婦　老後資金が少ない　繰下げ受給

60歳の夫婦

老後資金　300万円

年収　60～64歳　350万円（夫）
60～64歳　200万円（妻）
65～69歳　250万円（夫）

年金　70歳からの年額255.6万円（夫）
70歳からの年額170.4万円（妻）

生活費　年額400万円

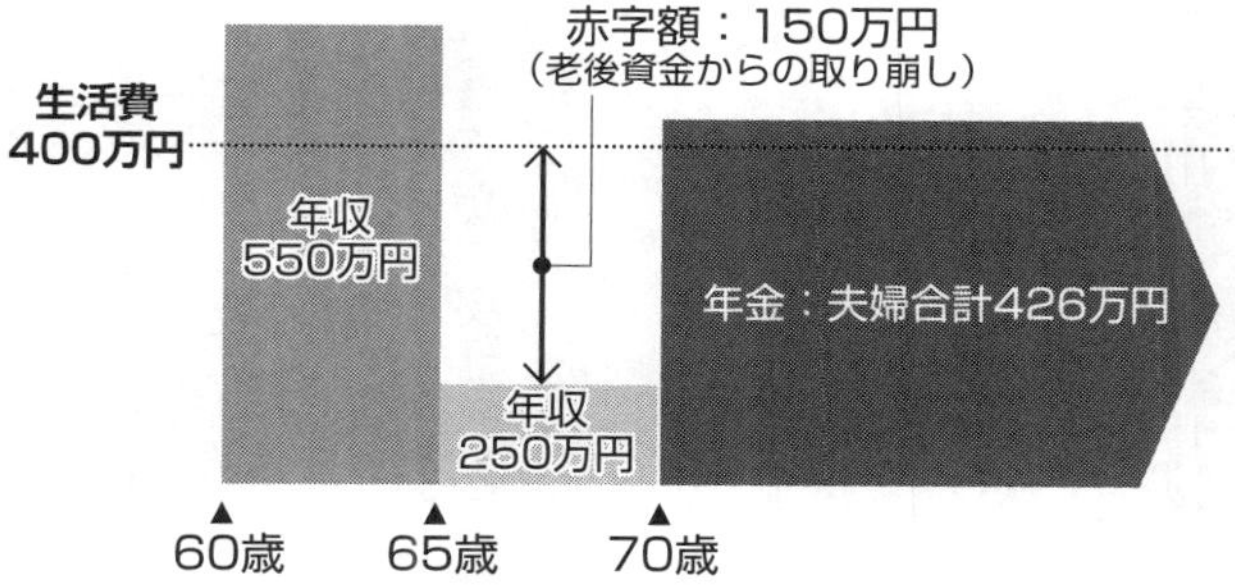

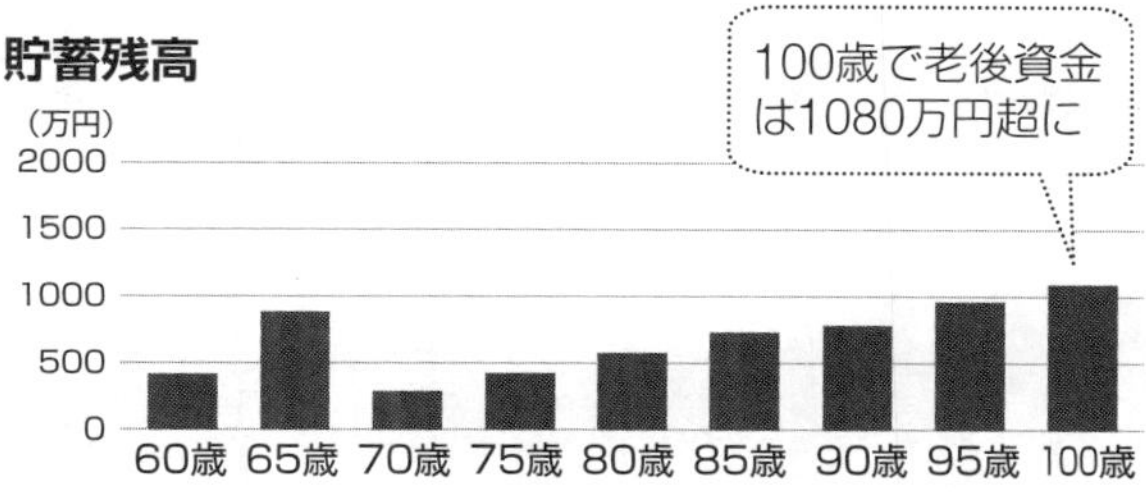

年間の支出が400万円なので、プラス26万円です。少し余裕がある生活を送れます。もし、26万円をずっと貯蓄に回すならば、100歳の時点で貯蓄額は1080万円を超える計算になります。

もちろん、それだけの貯蓄があれば、ただ貯めるだけではなく、必要に応じて自分たちのために使ってもいいでしょう。

いずれにしても家計に余裕があったほうが、要介護になった場合も対処しやすいですし、リフォームなどの費用にも対応できます。

●年金の受給額が少ない場合

今度は「年金が少ない」ケースです。

第1号被保険者であるフリーランスや自営業者は、国民年金しかありません。国民年金は満額でも年間81万6000円です（2024年度）。これだけでは生活ができません。国民年金以外にも、自分で金額を増やす努力が必要です。

会社員を経たのちにフリーランスになった人は、厚生年金に加入した期間があります。ですので厚生年金も受け取れますが、ずっと会社員をしていた人に比べると受給額は少なめです。

私も40歳までは会社員でしたが、その後フリーランスになったため、厚生年金はとても少ないです。しかし、国民年金基金、ＮＩＳＡ、個人年金保険、小規模企業共済など、さまざまなものを組み合わせて老後資金の準備をしました。第1号被保険者は自分で年金をつくることが大事です。

じつは、年金受給額が少ない場合は、なかなか有効な手段がありません。年金の繰下げ受給を使っても、そもそもの金額が少ないと大きな効果は期待できないのです。とはいっても、年金を増やす方法はいくつかあります。それらを総動員しながら、複合技で備えます。

さて、シミュレーションに移りましょう。

〈前提条件〉
60歳の単身者。40歳まで会社員として働き、その後は独立してフリーランス
貯蓄は2000万円

〈収入〉
◎労働収入
平均して400万円　※70歳まで仕事を続ける予定
◎年金（65歳からの受給額）
年額120万円

〈支出〉
◎生活費
月額約23万円（年額280万円）　※これが生涯続くとする

では、65歳で年金受給を開始した場合です。

年収は平均４００万円が70歳まで続くとします。

60歳から64歳は、年間１２０万円のプラスになりますから、これを貯蓄します。65歳からは年金が１２０万円あるため、収入は５２０万円に増えます。年間２４０万円のプラスをすべて貯蓄すると、69歳時点の貯蓄額は３８００万円になりました。

70歳から貯蓄を取り崩します。年金収入が１２０万円と少ないので、取り崩し額は年間１６０万円とかなりの金額です。それでも70歳の時点で貯蓄がそれなりにあるので、老後資金はなんとか92歳までもちます。

しかし、それ以降を考えるとたいへんです。93歳からは年金の１２０万円しかなく、とても生活できる金額ではありません。90歳を過ぎて貧困に陥る可能性があります。高齢になってから晩年が悲惨な生活になる状態は、絶対に避けたいものです。なんとか90歳以上生きたときの対処法を講じておく必要があります。

60歳単身者　年金受給額が少ない　何もしない場合

60歳の単身者	
老後資金	2000万円
年収	60～69歳　400万円
年金	年額120万円
生活費	年額280万円

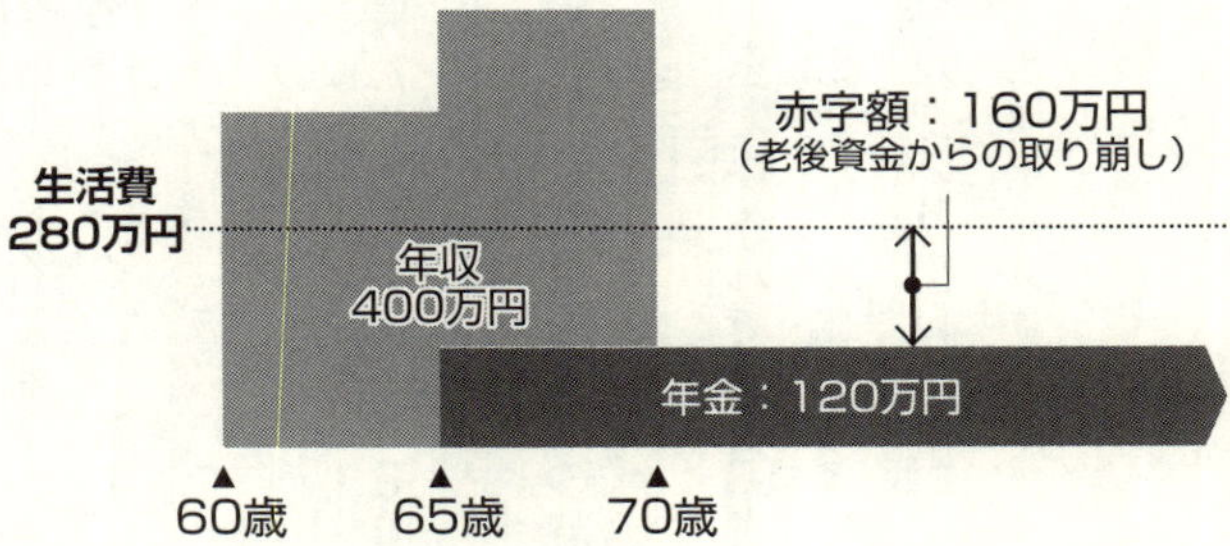

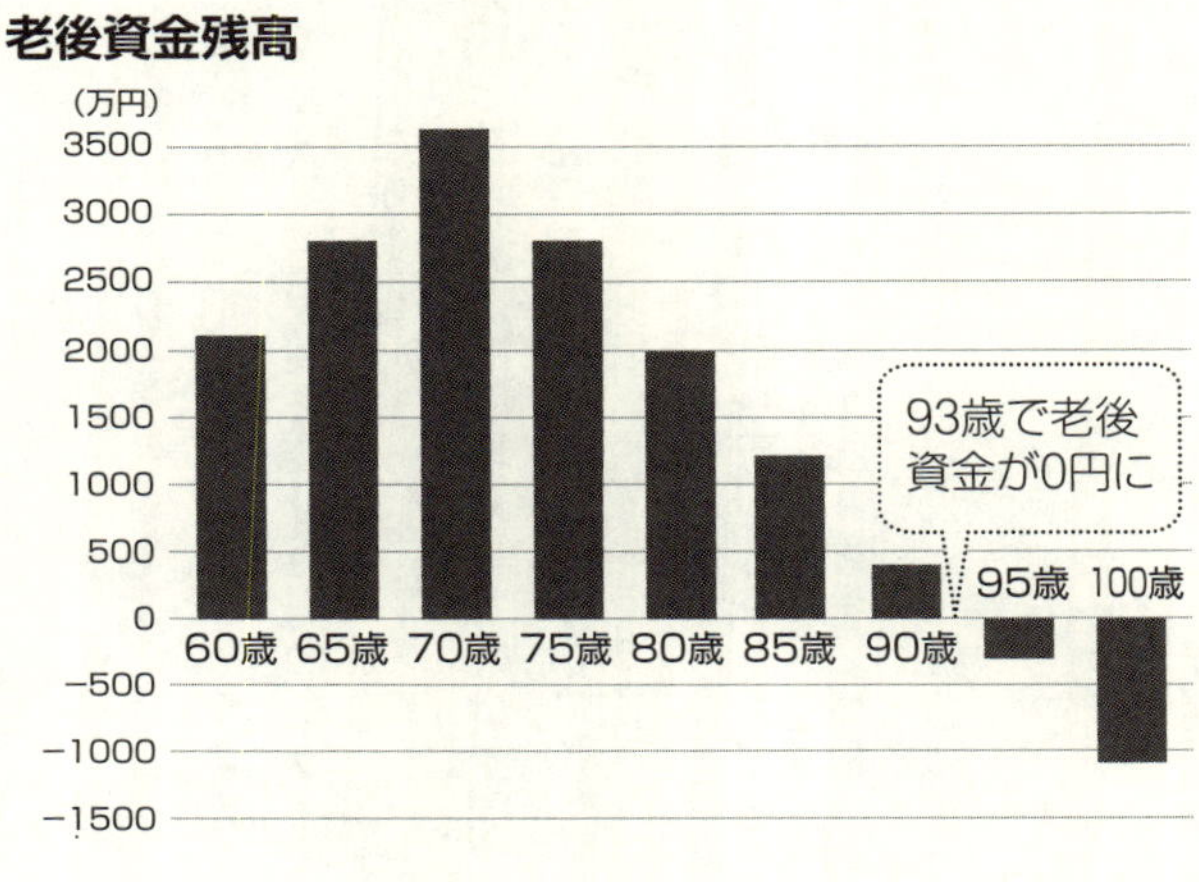

●複合技で生涯年金を増やす

何もしないと92歳で老後資金が尽きてしまい、その後は厳しい生活が予想されます。どんな対策が考えられるでしょう。私が提案したいのは、生涯年金の増額です。「年金の任意加入」＋「国民年金基金」＋「年金の繰下げ受給」＋「老後資金の取り崩し」です。これらの合わせ技で、老後生活を少しでも豊かなものにしていきたいと思います。

１３５ページで説明したように、60歳から65歳まで国民年金に「任意加入」し、国民年金を満額にします、国民年金の保険料は、年間20万３７６０円です。

第1号被保険者は、「国民年金基金」に加入できます（１３７ページ参照）。20歳から60歳までの間に入ることができるのですが、60歳以降は国民年金の任意加入が条件で加入できます。国民年金基金は、終身年金が基本です。できるだけ年金額を増やしたいので、限度額いっぱいまでの掛金で考えてみました。

60歳男性。終身タイプＢ型と15年確定タイプを組み合わせます。掛金は月額６万５４５０円です（年額78万５４００円）。この設定で加入すると、65歳から80歳までは年額21万円、80歳から終身で18万円を受け取れます。

60歳から64歳までは、国民年金と国民年金基金で、年間約100万円の支出が生じます。しかし、所得税10％、住民税10％の控除があるため、実質の負担額は80万円くらいになります。


さて、生活はどうなるでしょう。

60歳から64歳までは、国民年金と国民年金基金の支出が年間80万円、貯蓄には40万円回せました。64歳の時点で貯蓄額は2200万円です。

65歳から69歳までは収入の400万円に加え、国民年金基金から年額21万円の年金が入ります。収入の総額は421万円です。

国民年金と国民年金基金への納付も終わり、支出は生活費の280万円だけになります。ですので、年間141万円の貯蓄ができます。69歳時点の貯蓄が2905万円です。

65歳での年金は120万円でしたが、任意加入をしたおかげで基礎年金が満額になり、年額にして約10万円アップしました。したがって、65歳時点の年金は130万円です。

60歳単身者　年金受給額が少ない　繰下げ受給

60歳の単身者

老後資金　2000万円

年収　60～69歳　400万円

年金　70歳からの年額185万円
65歳から79歳の国民年金基金21万円
80歳からの国民年金基金18万円

生活費　年額280万円

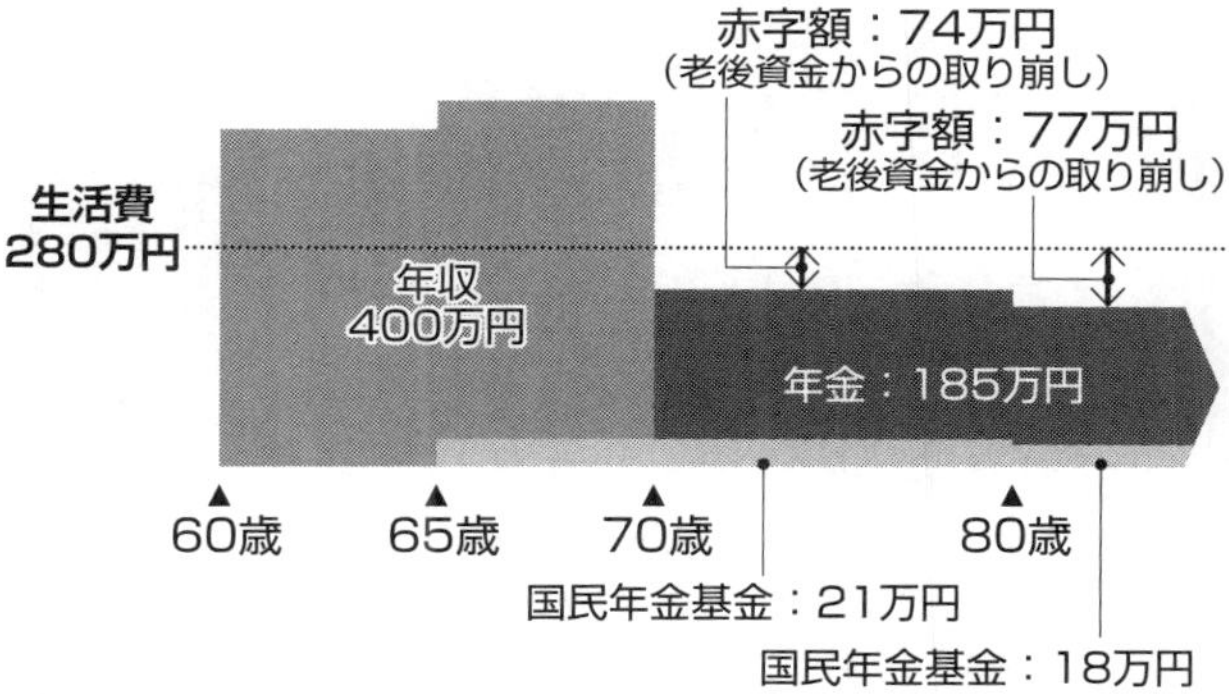

老後資金残高

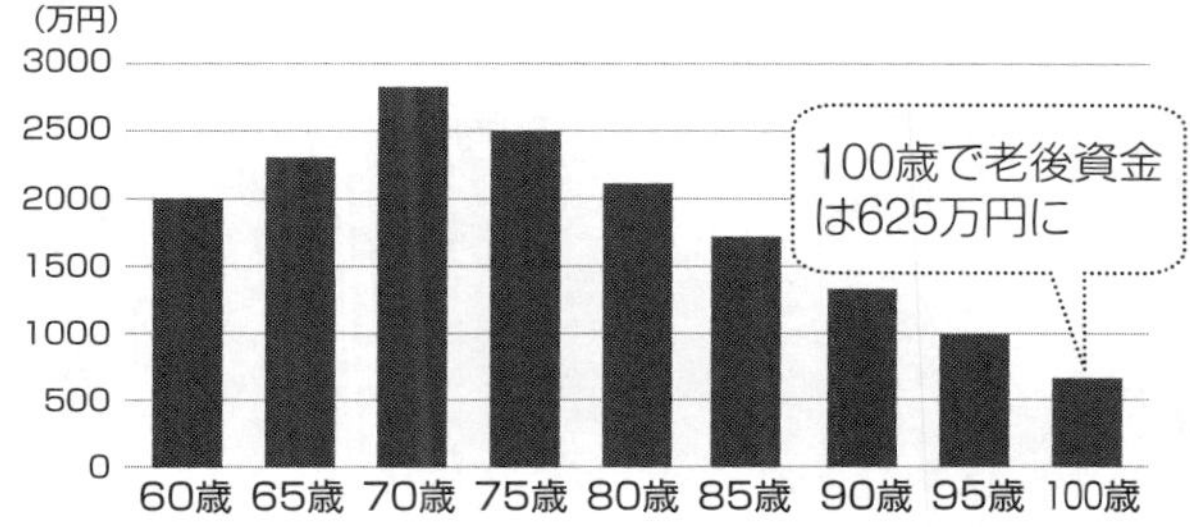

それを70歳まで繰下げ受給すると、42%増額されます。70歳から79歳までは年金が年185万円、国民年金基金から年21万円で、合計206万円です。支出は年280万円なので、74万円の取り崩しです。

老後資金の取り崩しはできるだけ避けたいところですが、年金の受給額が少ない場合はどうしても必要になります。

80歳以降は、国民年金基金が年21万円から18万円になりますから、取り崩し額は77万円に増えます。それでも、100歳の時点で貯蓄は625万円残っています。とくに大きな出費などがなければ100歳までは老後資金が尽きないことになります。

これなら安心して老後生活が送れると思います。

このように年金の受給額が少ないと、完全に「収支のバランス」を取ることは難しくなる場合があります。しかし、できるだけバランスが合う状態に近づけることで、老後の生活を安定させることができます。

第5章

老後資金の考え方

●「減らない財布」があっても老後資金は必要！

老後生活においては、老後資金よりも「収支のバランス」が大事です。「収支のバランス」が取れれば「減らない財布」が手に入り、生活が安定してお金の心配が解消します。

では、「収支のバランス」が取れていれば、老後資金はまったく不要でしょうか。

いいえ、ある程度の老後資金は絶対に必要です。

これは老後資金というより、「余裕資金」または「予備資金」と言ったほうがいいでしょう。

もしものトラブルが起こったときのために、「余裕資金」は用意しておきたいです。

たとえば、

・病気になって入院する
・介護が必要になる
・認知症になった

・自宅のリフォームやメンテナンス
・大きな家電の買い替え
・自動車の買い替え
・旅行やレジャー
・子どもの結婚や孫のための費用

こういった諸々のできごとにかかる費用のためにある程度の余裕資金を確保しておきたいものです。

では、余裕資金はどのくらい用意しておけばいいでしょうか？

老後に医療費はどのくらいかかるのか

まずは病気になったときの医療費について考えてみます。

年齢が上がるにつれ病気になる確率も上がり、入院も心配になります。そのための費用を用意しておく必要があるでしょう。

しかし、病気になったときには、公的な健康保険があります。

医療費の自己負担は、70歳までは3割です。70歳から74歳までは、年収370万円以上の人は3割負担ですが、それ未満なら2割負担です。さらに75歳以上は、年収370万円以上の人は3割負担、課税所得28万円以上の人は2割負担、課税所得28万円未満なら1割負担ですみます。

多くの人は年金収入が中心なので、1割負担、2割負担だと思います。また、仮に入院して多額の治療費がかかったとしても、高額療養費制度があるため支払いは限度額までです。

所得に応じて高額療養費の限度額が変わりますが、年金だけの収入だと、高額療養費の限度額は5万7800円に該当する人が多いと思います。住民税非課税世帯ならば、2万4800円または1万5000円です。

高齢者は病気やケガで入院する可能性が高くなります。とはいえ、その分、医療費の自己負担は少なくなるので、それほど心配しなくていいでしょう。

がんになったときも、自己負担はほかの病気と同じです。現役時代は、がんに罹患してそれまでのように働けなくなると、収入が減ります。しかし、病気になっても、年金は同じ金額を受け取れます。ですから、働けなくなるリスクはありません。

ただ、健康保険適用外の治療を行ったときは自由診療になり、全額が自己負担となって、かなり高額な治療費がかかります。このリスクは大きいため、がん保険が必要になります。しかし、いつまでも加入し続ける必要はありません。たとえば、90歳になっているとしたら、身体への負担が大きい手術や抗がん剤治療は見送られることもあるでしょう。つまり、がん保険はあまり必要なくなっているわけです。

高齢になると病気になる確率が高くなりますが、それはしかたがないことです。とはいえ、病気になったときに困ると考えている人が多いのですが、医療費の自己負担は大きくないので、心配しなくても大丈夫です。

●介護や認知症には、どのくらいお金がかかるのか

では、次に介護になった場合を考えてみましょう。

介護については、公的介護保険があります。要介護に認定されると、介護サービスを原則1割負担で利用できます。したがって自己負担はそれほど多くありません。とはいえ、介護は長期にわたり、介護保険だけでは対応し切れない場合もあります。

生命保険文化センターの「生命保険に関する全国実態調査（2021年）」によると、介護にかかる初期費用は74万円、月々にかかる介護費用は8・3万円、介護期間は平均5年1ヵ月です。これらを合計すると約580万円が必要になります（介護保険を使ったときの自己負担額）。

あくまでも平均の数字ですが、それなりに費用がかかります。

このデータの中に、介護を行った場所別の費用も示されています。月々にかかる費用で自宅介護は平均4・8万円、施設介護は12・2万円です。場所によって大きな差が出ます。

有料老人ホームの費用はピンキリです。それこそ入居金だけで億単位という施設もあります。

介護に関しては、「いくらかかるか」よりも、「いくらかけるのか」という話になると思います。かけようと思えばいくらでもかけられますが、費用にも限りがあります。

「どんな介護をしてほしいのか」「どこで介護をしてほしいのか」「どのくらい使っても大丈夫か」をベースに、介護費用を考えてはいかがでしょうか。

介護期間は、思ったより長くなることもあります。それを考慮しながら計画を立ててください。

また、認知症は施設療養が必要だったり、見守りサービスを利用するケースも考えられます。そうすると、もっとお金が必要になるかもしれません。

このように介護費用は、「どんな介護が必要なのか」で、大きく費用が変わります。なかには私の父のように98歳にもなって、毎日３０００歩歩き続けている健康な人もいます。高齢になっても介護が必要ない人もいるのです。

介護費用は平均で５８０万円と書きましたが、あくまでも平均です。必要な金額というのは、いざ介護にならないとわかりません。

とは言っても、目安になる金額が欲しいですね。介護に備えるとしても500万円あれば、だいたいのことには対処できるでしょう。もし介護が必要にならないときには、レジャー費として使ってもよいと考えるのは、いかがでしょうか？

●子どもや孫にかかる費用は？

子どもや孫にかかる出費は、思いのほか大きいものです。

子どもの結婚や出産のお祝いなど、ある程度、計画を立てておきましょう。

そして、意外と大きいのが孫への出費です。かわいい孫のためにお金をケチりたくない気持ちはわかります。孫と一緒の旅行は、つい費用を全額持ってしまったり。家族全員なのでそれなりの金額になります。年に1～2回なら楽しいですが、頻繁だとけっこうな負担です。

第一生命経済研究所の「シニア夫婦世帯の別居家族との交流に関する調査（2018

年)」によると、孫と一緒に旅行した場合、8割以上が費用は祖父母の負担だったそうです。さらに、孫との食事の頻度に関する調査では、月に1回以上が全体の半数を占めています。

子どもがマイホームを購入する際、費用を援助する話はよく聞きます。アットホーム株式会社の「住宅購入時の親の資金贈与実態調査（2014年)」によると、親からの平均贈与額は564万円、親子が同じ地域の場合はさらに増えて642万円だそうです。

孫や子どもを思いやるといっても、自分たちの大切な老後資金（余裕資金）を犠牲にするのはいただけません。老後生活を危うくするようでは行き過ぎだと思います。「収支のバランス」が取れていれば、毎月多少なりとも余裕資金が生まれます。その範囲でお金を出すなど、目安を決めておきたいものです。

●旅行・レジャー、交際費、リフォームなどの支出

豊かな老後を送るためには、いろいろな楽しみがあっていいと思います。ただ、何をするにもお金は必要です。

旅行やレジャーもけっこうですが、あまり度重なると出費もかさみます。生活費に影響が出ないよう調整しましょう。

友だちとの交際費はとても大切です。人とのコミュニケーションが幸福度を上げる要因にもなるので、交流はとてもよいことです。

コミュニケーションが多いほど幸福度がアップしますし、健康の秘訣でもあります。とは言っても、お酒の飲み過ぎは逆に健康を損なうことにもつながりますので、ほどほどにしてください。

また、安心して暮らすためには、住まいも大事です。長く住んでいると、住宅もメンテナンスが必要になります。定期的なリフォームを計画に組み込んでおいてください。

とくに築年数が古くなると、水回りのリフォームにかなりお金がかかります。ケースバイケースですが、キッチンや風呂場のリフォーム代はそれぞれ100万円くらいはかかります。また、戸建ては外装や屋根のリフォームに、やはり100万円くらいの費用がかかることを考慮に入れて準備しましょう。

リフォーム費用は、戸建てとマンションでも違ってきます。突発的なできごとがなければ、ある程度、計画を立てることができます。

さらに、大きな家電の買い替えにも費用がかかります。家電は何年か使っていると、突然壊れることがあります。エアコンを買い替えたと思ったら、今度は冷蔵庫が壊れた！なんて立て続けに買い替えが必要になることも。これも予備費で対応するしかないですね。

車も生活に必須であれば、買い替えについて計画に入れておきましょう。

●予備費はどのくらい準備しておくか

ここまで老後生活で生じる大きな出費について見てきました。

では、「収支のバランス」が取れた生活をしている場合、どのくらい余裕資金を準備すればいいのでしょう。ご自分に当てはめながら考えていきましょう。

レジャー費、旅行費、趣味にかける費用、交際費などは、人によって異なります。

ただ、レジャー費や旅行費のように定期的にかかる費用は、年間の収支の中に入れておくと安心です。

高齢になっても、楽しみを我慢して暮らすのは避けたいものです。年間の支出に入れておけば、生活の質を落とさずにすみます。レジャー費が予定よりかからなかったら、そのお金をほかのことに回せます（介護費用の準備、家電の買い替え、補聴器の購入などなど）。

こう考えると、大きなお金は「リフォーム」や「介護」の費用です。

これらは老後資金（余裕資金）で備えたい項目です。

もっとも大きな費用として予測できるのが介護費用です。80歳以上の約80％が、介護が必要になっています。確率が高いので、介護費用を基準にして準備しましょう。介護状態にならなければ、ほかの用途に使えばいいだけです。

前述したように、介護にかかる総額は平均で580万円です。それを目安に考えながら、現実的なところで最低500万円は用意しておきたいところです（もちろん、もっと準備できればそれに越したことはありません）。

資金に余裕がなければ、リフォームの費用もこの５００万円の中に入れても大丈夫です。リフォームの場合は、資金の余裕を見ながら計画を立てることができます。

毎月の生活費だけで、キツキツの家計でしたら、貯蓄を増やすことができません。しかし少しゆとりのある「収支のバランス」が実現できていれば、支出の調整をすることで、貯蓄を増やすことができます。

５年後に、風呂場のリフォームをしたいので、１００万円必要になるというとき、年間20万円の貯蓄を増やす5ヵ年計画（リフォーム前後）を立てればよいのです。

これができるのも、収入を増やすことで、ゆとりのある「収支のバランス」が実現できているからこそです。

介護にかかる費用も同じです。ゆとりがあれば、施設介護にも対応ができるし、その入居金は余裕資金の５００万円を費用として使うことも可能です。

豊かな老後生活を実現させるためにも、収入増によるゆとりのある「収支のバランス」と、できれば余裕資金の５００万円を備えたいですね。

おわりに

死ぬときにお金をゼロにする

●老後資金を使わないまま死んでしまうのは損

老後は「収支のバランス」を取って生活し、最低でも５００万円の老後資金を準備するのがいいと述べました。

金融広報調査委員会の「家計の金融行動に関する世帯調査２０２３年」によると、60代の貯蓄額の平均は２０２６万円ですが、中央値は７００万円です。貯蓄額は二極化しており、平均値は高い値に引っ張られやすいので、この中央値が実態に近い数字でしょう。

60代は退職金などが入り、少し余裕がある時代です。この時期に年金の繰下げ受給を選び、その間の生活費は労働収入とそれまでに作った預貯金などで補う。これで老後を乗り切るのが、私の考えです。

また、こんなデータがあります。

日本の個人が持っている金融資産は約2000兆円ありますが、その6割を60歳以上の人が保有しているのです。多くの資産を高齢者が持っていて、その高齢者が亡くなると相続財産になります。

ＭＵＦＧ資産形成研究所の「退職前後世代が経験した資産継承に関する実態調査（2020年）」のデータによれば、50代～60代の人が親から相続した平均金額は3273万円です。中央値では1600万円です。

高齢化が進んでいるため、80代で亡くなると60代以上の人が相続することも珍しくありません。つまり、お金は高齢者の間で回っているのです。これでは経済も回ってくれません。もっと消費したり、若年層への資産移動も必要になります。

とはいえ、老後資金は使うことがなかなか難しいものです。

生活のために取り崩してはいても、少なくなっていくことが恐いのです。預金通帳の残高が減っていくことに戦々恐々としてしまうのです。

この気持ちはなんとなくわかります。

老後資金は2000万円必要だと言われています。ところが、せっかく2000万円貯めても、いざ取り崩すとなると恐くて引き出せないこともあります。

自分で貯めたお金を自分で使えないとは、なんともおかしな話です。

でも、現実にそういう人がいます。その結果、老後資金に手をつけず、つましい節約生活を送ってしまうのです。

実際、私の父もそのタイプです。

自分のためにお金を使うことが苦手なのです。

80歳を過ぎた人が、「このお金はもっと年を取ったときのために取っておく」なんて笑い話みたいですが、笑えません。

自分がいつ亡くなるかわからないので、仕方がないのですが、本来、老後資金は、老後の生活を豊かにするための資金です。いま、自分のためにしっかり使ってほしいと思います。

子どもが「もっと使えばいいのに」と勧めても、「この生活で満足している。残ったらお前たちで分ければいい」などとも言います。

子どもに残したい気持ちもわかります。

しかし、遺産を残したばっかりに、相続が原因で子どもたちが争うこともあります。そうならないよう、相続対策も考えておきたいですね。

私の場合は子どもがいないので、残す人はいません。ですので、自分の資産は自分できっちり使う、または妻に使ってほしいと考えています。

●残っている老後資金を使い切って死ぬ

相続人が不在で、約789億円（2022年度）ものお金が国庫に納められています。なんとももったいない話です。望んで国庫に入れたいと思う人は少ないのではないでしょうか。本当は、自分のお金は自分の好きに使いたかったはずです。

『DIE WITH ZERO　人生が豊かになりすぎる究極のルール』ビル・パーキンス著（ダ

イヤモンド社）がヒットしました。

これは「お金を貯める」ではなく、「お金を使い切る」ことに焦点を当てた本です。

死ぬときにお金を「ゼロ」にすることができれば現実的ですが、実際は、お金が減っていく恐怖のため、なかなかできません。

お金を使い切って死ぬのは至難の業です。

しかし、「収支のバランス」が取れていれば、それがある程度できるのです。


収入である公的年金は、死ぬまで受け取れるお金です。死ぬ日まで受け取る権利があり、死んだら権利はなくなります。

つまり、お金を使い切って死ぬことが可能です。

あと残っているのは老後資金（余裕資金）です。これも使い切ってしまった場合は、文字通りゼロです。しかし、本書でお伝えした「収支のバランス」を取る生活ができていれば、だいたいは残っていると思います。残っているお金は葬式をあげてもらえばいいと考えるのはどうでしょうか。

葬式代は200万~300万円くらいかもしれません。そうすると、ほぼなくなります。

配偶者が残るのならば、配偶者に残しておくのもいいでしょう。

我が家でも、妻と私のどちらが先に亡くなるかはわかりません。私が先であれば、私のお金は妻にいきます。妻が先だった場合は、子どもがいませんので相続する人はいなくなるわけです。残す必要もありません。

使い切って死ぬことになるでしょう。でも、残ったときには「遺贈」という形で、なんらかの団体に寄付をしたいと考えています。

青春新書 INTELLIGENCE

こころ涌き立つ「知」の冒険

いまを生きる

〝青春新書〟は昭和三一年に――若い日に常にあなたの心の友として、その糧となり実になる多様な知恵が、生きる指標として勇気と力になり、すぐに役立つ――をモットーに創刊された。

そして昭和三八年、新しい時代の気運の中で、新書〝プレイブックス〟にその役目のバトンを渡した。「人生を自由自在に活動《プレイ》する」のキャッチコピーのもと――すべてのうっ積を吹きとばし、自由闊達な活動力を培養し、勇気と自信を生み出す最も楽しいシリーズ――となった。

いまや、私たちはバブル経済崩壊後の混沌とした価値観のただ中にいる。その価値観は常に未曾有の変貌を見せ、社会は少子高齢化し、地球規模の環境問題等は解決の兆しを見せない。私たちはあらゆる不安と懐疑に対峙している。

本シリーズ〝青春新書インテリジェンス〟はまさに、この時代の欲求によってプレイブックスから分化・刊行された。それは即ち、「心の中に自らの青春の輝きを失わない旺盛な知力、活力への欲求」に他ならない。応えるべきキャッチコピーは「こころ涌き立つ〝知〟の冒険」である。

予測のつかない時代にあって、一人ひとりの足元を照らし出すシリーズでありたいと願う。青春出版社は本年創業五〇周年を迎えた。これはひとえに長年に亘る多くの読者の熱いご支持の賜物である。社員一同深く感謝し、より一層世の中に希望と勇気の明るい光を放つ書籍を出版すべく、鋭意志すものである。

平成一七年　　　　刊行者　小澤源太郎

著者紹介
長尾義弘〈ながお　よしひろ〉
ＮＥＯ企画代表。ファイナンシャルプランナー、AFP。徳島県生まれ。大学卒業後、出版社に勤務。1997年にNEO企画を設立。出版プロデューサーとして数々のベストセラーを生み出す。新聞・雑誌・Webなどで「お金」をテーマに幅広く執筆。
著書に『コワ〜い保険の話』(宝島社)、『私の老後 私の年金 このままで大丈夫なの？教えてください。』(河出書房新社)、『とっくに50代 老後のお金どう作ればいいですか?』(青春出版社)、監修には年度版シリーズ『NEWよい保険・悪い保険』(徳間書店)など多数。

投資《とうし》ゼロで老後資金《ろうごしきん》をつくる　青春新書 INTELLIGENCE

2024年9月15日　第１刷

著　者　長《なが》尾《お》義《よし》弘《ひろ》

発行者　小澤源太郎

責任編集　株式会社プライム涌光
電話　編集部　03(3203)2850

発行所　東京都新宿区若松町12番１号 〒162-0056　株式会社青春出版社
電話　営業部　03(3207)1916　振替番号　00190-7-98602

印刷・中央精版印刷　製本・ナショナル製本

ISBN978-4-413-04704-3

©Yoshihiro Nagao 2024 Printed in Japan

本書の内容の一部あるいは全部を無断で複写(コピー)することは著作権法上認められている場合を除き、禁じられています。

万一、落丁、乱丁がありました節は、お取りかえします。

こころ涌き立つ「知」の冒険!

青春新書 INTELLIGENCE

ファイナンシャル・ウェルビーイング　山崎俊輔　PI・674

これならわかる「カラマーゾフの兄弟」　佐藤　優　PI・675

ウクライナ戦争で激変した地政学リスク
次に来る日本のエネルギー危機　熊谷　徹　PI・676

「老年幸福学」研究が教える
60歳から幸せが続く人の共通点　前野隆司　菅原育子　PI・677

それ全部pHのせい　齋藤勝裕　PI・678

たった2分で確実に筋肉に効く
山本式「レストポーズ」筋トレ法　山本義徳　PI・679

寿司屋のかみさん
新しい味、変わらない味　佐川芳枝　PI・680

ネイティブにスッと伝わる
英語表現の言い換え700　キャサリン・A・クラフト　里中哲彦［編訳］　PI・681

定年前後のお金の選択　森田悦子　PI・682

新装版
日本人のしきたり　飯倉晴武［編著］　PI・683

新装版
たった100単語の英会話　晴山陽一　PI・684

「歴史」と「地政学」で読みとく
日本・台湾・中国の知られざる関係史　内藤博文　PI・685

組織を生き抜く極意　佐藤　優　PI・686

自分を裏切らない生き方の流儀
無器用を武器にしよう　田原総一朗　PI・687

事例と解説でわかる「安心老後」の分かれ道
「ひとり終活」は備えが9割　岡　信太郎　PI・688

生成AI時代
あなたの価値が上がる仕事　田中道昭　PI・689

［最新版］
やってはいけない「実家」の相続　税理士法人レガシィ　天野　隆　天野大輔　PI・690

老後に楽しみをとっておくバカ　和田秀樹　PI・691

歴史の真相が見えてくる
旅する日本史　河合　敦　PI・692

やってはいけない
「ひとりマンション」の買い方　風呂内亜矢　PI・693

既読スルー、被害者ポジション、罪悪感で支配
「ずるい攻撃」をする人たち　大鶴和江　PI・694

リーダーシップは
「見えないところ」が9割　吉田幸弘　PI・695

日本経済
本当はどうなってる?　生島ヒロシ　岩本さゆみ　PI・696

60歳からの新・投資術
「年金+3万円〜10万円」で人生が豊かになる　頼藤太希　PI・697

お願い　ページわりの関係からここでは一部の既刊本しか掲載してありません。
折り込みの出版案内もご参考にご覧ください。